Nothing Is Impossible

by Xavier Gabriel

不要做最好，但要搶第一

從銀行門僮到登上太空，打破設限、轉換思維，西班牙傳奇富翁的100個人生提醒

哈維爾・加布里 著
張沂昀 譯

目錄

一、序曲：態度的形成

二、第一次嘗試：銀行業

三、創業家誕生：第一次冒險

四、創業家誕生：一個「荒誕」的想法浮現

五、女巫找到了黃金：突破性的時刻

六、黃金女巫摘到頭彩：好運的秘訣

七、下一站：太空

一、序曲：態度的形成

我的人生旅程始於一九五七年索爾特（Sort）山區的小村莊。這件事在其他故事裡或許無關緊要，但在我的故事裡卻不是如此。對我而言，在索爾特出生並且成長的經歷，對人生始終都是個挑戰。

我在年幼時就遇到了很多困難，儘管我在當時並未清楚意識到。因為帕拉斯省（Pallars Sobira）六〇到八〇年代之間的教育狀況很糟糕，更不用說後來我又發現了城鄉之間的巨大差別。

然而，那些年代也是歡樂的歲月，當年的經歷讓我培養出對人生的濃厚興趣與熱情，以及看待事物的獨特視角，這一切都奠定了我今後的性格，並且深深影響了我成年後的人生。

1

一九五七年，在庇里牛斯山脈一個與世隔絕的小村莊索爾特，我第一次睜開了眼睛。出生在如此偏遠之地是極大的挑戰，卻也引燃了我在這個地圖上無足輕重的地方開展事業的動力。

這個地方離潛在市場十分遙遠：深鎖於群山之中，遠離都市，人跡罕至。然而，每一年我都致力於開創一項新的事業，最初從探險運動開始，之後是博彩業，他們不但在國內產生影響，也在偶然間受到國際關注。

未來的好運，要靠今天的積極去贏取。

如果一個人一星期有八天的時間都在思考未來要做的事業，那麼他終究也只能期待天大的好運降臨。實際上，世上根本不存在僥倖成功這樣的事，勤奮工作所帶來的運氣才是眞正的好運[1]。

1 「索爾特」在加泰隆尼亞語中是「運氣」的意思。很巧合的是，本書作者就出生在索爾特，然而作者始終認爲，不管出生在哪裡，好運總來自於勤奮工作，並不是單純由機緣或者環境決定。

2

八歲那年，我常到小鎮邊的一座小山上玩。我很喜歡那座小山，因爲那裡長著方圓幾十里內僅有的五棵松樹。我會用樹皮做成小船，將他們放在溪水中順流而下。同時，我也總愛收集松果。我非常喜愛這些松樹，內心因此漸漸萌生擁有這些松樹的想望。之後，我花了四十年的時間才實現這個夢想。

現在我再也不會到那裡去採松果，或是用樹皮做小舟。然而，我卻擁有了更美好的東西：一個實現了的夢想。

一想到自孩提時代想擁有松樹的念頭與渴望已經成眞，滿足的感受就更加滿溢：我現在有了整個鎮裡位置最好的地產，那裡終日沐浴著陽光，飽覽南方景致，不受北風侵擾。

快樂，來自將衆多夢想之一化為現實。

一個人自然應該擁有很多夢想、計畫和願望。這種態度很好，因爲它能讓人思考，相信不可能，但同時卻也可能爲你帶來困擾。因爲如果你有一千個夢想，最終可能一個也無法實現的話，長久下來，就會變得心灰意冷。

因此，若是你同時進行太多計畫，恐怕最後會多數都無法開花結果。你必須找到對的平衡：從一堆好主意中找出最好的想法。一旦你有了一個想法並開始執行，你將會因爲所付出的努力，使得你的潛意識獲得獎賞。

3

小時候我有一台電影放映機，也常和朋友們一起看電影。每回只要拿到一部八釐米電影，我都會很認眞地先看三遍，再邀請朋友們來觀賞。

看第一遍是因爲要先睹爲快；第二遍是爲了更好地理解和欣賞內容；最後第三遍則純粹是從技術角度，看哪裡有可以改進的地方，包括各種效果。完成了這三個步驟之後，我才會邀請朋友來，再和他們一起看一遍電影。

所以當我的朋友都還是第一次看這部電影時，我已經對電影的內容詳熟於胸，這樣我就能集中精力確保電影放映的品質，中間不出任何差錯。同時單憑觀察觀眾們的表情，我也能立刻就知道電影的哪些地方還有待改進。

想要成功，就不能只做個旁觀者。

如果你真的希望自己的企業像票房大片一樣成功，就不能只坐在那裡看，你必須想盡一切辦法讓公司隨時隨地保持生產力。在你的電影中，客戶是觀眾，員工是導演。

4

十二歲的時候，我總是仰慕那些從巴賽隆納來到索爾特的人，那些人的言行舉止多少有些招搖。每回看到他們，我都覺得自己的小鎮像是聖嬰出生地[2]的場景，而他們是開著名車、帶著大把鈔票的正牌東方三智者。

某一天，一位八月常到索爾特度假的巴賽隆納名醫告訴我：「哈維爾，別讓任何人欺負你。如果有人對你大吼，你也要對他吼回去。如果他們吼得更大聲，你的聲音也要比他們的更大。不要騎在別人頭上，但也別讓人騎在你頭上。」

我花了很多年的時間才明白他的意思。如今，我有機會見到僅次於比爾·蓋茲的世界首富，墨西哥企業大亨卡洛斯·斯利姆（Carlos Slim），並且與他進行了談話。我的舉止自然鎮定，眼神裡始終顯示出力量和決心。

渺小能變成偉大，而機會也只屬於勇於偉大的人。

爲了成長，你首先需要渺小，沒有別的辦法。

但是之後，如果你眞心希望展開旅程，就得逐一擺脫內心的每一種恐懼和疑慮——就從第一天開始。例如，我向來喜歡和我面前的人站在同一個水平上。如果你的企業只有兩名員工，而你碰到了一個擁有二千名員工的創業家，當他發言時，你也要做出評論；當他闡述問題時，你要傾聽他的說明；當他咆哮時，你也要吼得一樣響。

你必須鼓起勇氣直視對方的眼睛，讓對方相信你也能做到他們能做到的事。使你變得偉大的正是你的意志力。

2 據聖經描述，耶穌誕生時，有東方的智者跟隨天上的一顆大星指引找到聖嬰誕生的馬槽，他們帶著很多禮物來迎接未來君王的到來。

5

四十年前的一個夏夜，我和弟弟以及家族的一個朋友一起散步，突然間，那個朋友開始對著天空說起了銀河。當時我還只是一個十二歲的小孩，第一次有人如此詳細地和我講解天文。

因此當我一邊注視著天空，一邊聽著朋友的講述時，我對璀璨的星空產生了濃烈的興趣，恆星、行星、遙遠的星系、彗星，以及流星都深深讓我著迷。而這樣的激情，也引導了我在五十歲時成爲第一個去太空旅行的西班牙人。

成功沒有秘笈，只有無限的激情。

激情讓人充滿力量，因爲它能點燃樂觀的希望。唯有懷抱希望，孩提時代遨遊太空的夢想最終才能在半百之年實現。因此，在任何時候都應該具備積極的能量，而正是這股能量讓人能夠始終保有靈感和進步的動力。

二、第一次嘗試：銀行業

十六歲那年，我第一次踏入了成人世界。

一九七三年時，我得到了第一份工作：在住房信貸銀行（Home Mortgage Bank）的萊里達[3]總部做門僮。

在進入成人世界的第一次洗禮中，我領悟到：「如果想成就任何事，就必須付出艱苦的努力。」這樣的領悟絲毫都沒有挫折我的心志，反而在銀行工作的的那段期間讓我大開眼界，也讓我意識到自己的人生目標——成爲千萬富翁。

銀行的經歷給了我不懈追求目標的動力。在那裡，我學會了「努力帶來成功」，並明白想要有回報，就必須要冒險；而例行公事就算無法讓你無聊致死，也會消磨你的意志。但相反地，機會就在於若你願意冒風險，無論這些風險有多大，他們最終都會成爲你人生中最好的投資。

3 Lleida，西班牙加泰隆尼亞自治區西部萊里達省的首府和最大城市。

6

在十六歲的時候，我便渴望盡快找到一份工作，加入成人的世界。我想銀行的工作會是最好的起點，也因此很快就在萊里達的住房信貸銀行找到門僮的工作。

我當時每個月的工資不到五千比塞塔[4]，就連支付住宿費都不夠，還必須由家人每月再補貼我二千比塞塔，才能負擔我的所有支出。但我還是拚命工作，不停加班，目的就是想得到一個更好的職位，賺三倍的工資。

財富來自努力工作。

哪怕你一無所有，你也可以擁有所有。如果你希望致富，就必須先努力工作。只要能堅持，就能邁出重要的第一步，也不會對失敗感到恐懼。

4 Pesetas，在歐元啓用前的西班牙貨幣單位，約一百六十五比塞塔等於一歐元，五千比塞塔約三十歐元。

7

我在萊里達的銀行做過幾週門僮，雖然那時我只有十六歲，但卻不認爲自己會一直做門僮的工作。我有時會被派去做信差，到西班牙銀行收取文件。這份工作我最喜歡的部分，就是踏入這家有著恢弘大廳且看不到客户排隊的銀行（西班牙銀行的客户都是銀行，沒有個人客户），看著銀行櫃員將一千比塞塔（當時紙幣最大面額）的紙幣捆成一百萬一包搬到一個巨大的金庫裡。

儘管那時我還只是個孩子，但就已知道自己想要成爲千萬富翁。當下我便決定，邁向目標的第一步是升到下一個職位——行政助理。這個理想在我開始賺錢後的第一年就實現了，當時我下午在關係銀行上班，晚上則上函授會計課。

如果你希望變偉大，就要停止感覺渺小。

如果你希望用感覺來激發自己消除自卑感的話，感覺渺小就是對的。但是，有時你也需要忘記自己是渺小的，要更專注於思考如何變得偉大。

如果你無法這樣思考，也不相信自己的經濟資源和社會活動技能可以爲你帶來成長的話，就等於是限制了自己的機會。想要變得多偉大，樂觀、熱情的心就得有多大。而當有天別人注意到你的成長時，其實你已經變得很偉大了。

8

一個夏天的早上八點鐘，正當我在銀行上班時，看到一輛巨大的道奇（Dodge）私家車停在銀行門口，車身足足有菲亞特（Fiat）六〇〇的三倍長。只有千萬富翁才會擁有這樣的車，所以你著實難以想像能在我的家鄉附近看到這樣的車。

而就在銀行大門開啓的那一刻，我無法相信眼前所見：車主是銀行的一名職員。同事們看到他和他的座車，便忙不迭地說出尖酸刻薄的言詞：「要不是有他叔叔撐腰，他現在還不知道在哪呢。」就在這時，我站起了身，對他們說：「等我長大了也要像他一樣，我要買賓士車，甚至比這更好的車！」同事們都笑我，要我搞清楚自己的身分：「快去端咖啡。」

十四年後，大多數當年的同事都到了退休年齡，他們依然開著菲亞特車，而我已經開著我的第一輛賓士車了。當然會有人說「都是靠他叔叔」那樣嫉妒的話。但現在每買一輛新車，我都會更上一層樓——我是古董車收藏家，甚至我還收藏著一輛一九五七年分（我出生的年分）的摩托車。

而我的同事們，現在都已經退休了，他們所能做的就是在家當一個F1車手阿隆索（Fernando Alonso）的粉絲。

「時不我與」是懦夫的藉口。

財富的確常常激起周圍人的妒嫉。

人們會說都是因爲那個人運氣好，而不認爲是那個人努力成功所應得的。然而眞相是，財富確實是贏得的，靠努力或純然的意志所得來。那些決定冒險並相信自己的人才會有所成就，因爲發生在你生命中的任何事情，都是在你允許之下才發生，並非偶然。

如果你相信偶然，尤其在商業界，那麼成功也就會成爲偶然。每個人都會犯錯，也會爲自己的失敗找藉口，但是藉口本身就是怯懦的表現。

9

二十一歲時我受徵召入伍，當時每個人都要服兵役，我的銀行生涯也因此中斷。我收拾了一點私人物品，去了特納利夫營區（Tenerife）報到。但讓我驚訝的是，我被調派到軍隊裡名聲最差的憲兵部。我一點都不喜歡這個分派結果，但是我的心態和幹勁並未因此受到影響。

加入憲兵部幾個月後，我已成功將連隊人數增加一倍，並減少了本部的警衛任務。我甚至還在營區內開設了一家酒吧、餐館和自助服務區。退役後不久，我還說服軍方增加了連隊人數（從四十四人增加到八十八人），將舊車全汰換成新車，連隊本身及其形象也全面改觀。

最重要的是，我的成就並不僅在於實現了這些目標，而是能正視面對權威時感受到的恐懼和敬意，並同時保有自己的決斷力和謹慎態度。

挫折代表挑戰，而非困難。

成功從來都不是一蹴可幾，否則也不會有所謂的「成功」。如果沒有阻礙，那麼每個人就都能輕易得到想要的東西了。雖說成功不易，極不容易，但卻也並非所有人都願意花力氣努力去追求。而這正是你的優勢所在：你能有所期望。

你必須將挫折視爲挑戰，而非困難。你要跨越的障礙愈多，你夢想已久的成功果實也將會更爲豐碩。

10

十年前，正式去銀行上班前一天，我刻意搭著汽車在城裡繞了一圈。接著，我注視著隔天自己要上班的銀行大門。儘管我只是去做一個門僮，我卻興奮難耐到甚至能夠看到大門上反射出的虹彩光澤。

那是我第一次踏進銀行業，之後也在這個領域工作了十年，逐步擔起新責，收入漸豐。然而隨著時間逝去，我愈爬愈高，卻愈來愈意識到銀行的工作和生活方式遠遠不是我眞正想要的。

故步自封只會謀殺你的靈魂。

如果你希望擁有開創性的創業家靈魂，亦即成功者的靈魂，就一刻都不能以爲自己能只靠走在一條熙熙攘攘、燈火通明、每隔幾英里就有休息區的平坦大道上，便能獲得你夢寐以求的成功。

事實上，恰好與眾人所想的相反，想要成功的話，選擇平坦堅固的道路反而會艱辛許多。

如果你想走得遠，走得從容自若，走前人所沒有走過的路，反而會讓你找到更多成功的方案。因此，當時我便心想，是時候朝未知走去了。

11

二十七歲時，我已經在銀行工作了十一個年頭，並且被調到索爾特分行，即將擔起分行經理一職。我的薪資持續穩定增長，因爲我從第一天上任起，就把全部的時間和精力用在吸引新客户和提高業績上，沒有什麼能阻擋我。

但是，我卻知道自己已經達到職場上限。更糟的是，我已經厭倦了無休無止重複的生活，從清晨到黄昏每一刻都日復一日地上演著一樣的劇情。

一九八四年，當時我二十七歲，終於永久地脱離了銀行界。

如果你知道明天要走什麼路，將會剝奪今日的快樂。

創業家會對自己的夢想懷抱信念，因此不會滿足於一輩子只追求單一目標，或單一工作，更不會早早確定退休的時間。創業家會讓道路指引他們前進的方向。

有許多人在面對人生中的多重道路時會一籌莫展，不知道該走哪一條，這是因爲他們總想事先計畫好一條正確的道路，然後寄望這條道路能夠決定未來將發生什麼的關係。

因此，你必須培養堅強的動力才行。這意味著你得學會享受當下的時光，一天盡一天的本分。如果你想得很遠，知道餘生會發生什麼，幸福就會十分短暫，你會被束縛在自己設計出的刻板生活中。因此，最好先別急著打開香檳。

12

一九八四年十月十九日，華爾街遭遇了史上最大的股票崩盤，造成美聯儲（US Federal Reserve）緊急大規模下調利率一百七十五點。幾個小時之內，股市崩盤的影響席捲了全球市場。十四天後，股市陷入全面混亂，每個人都發狂要賣掉自己手中的持股。當時，我做了一個破釜沉舟的決定：傾我所有，甚至不惜借貸購入大量股票。

那天是星期五，而過了幾天後的星期一，僅僅在股市開盤後的四個小時，我的冒險化作百分之百的獲利，我賺到了做銀行經理四年才能賺到的錢，也頓時發現一扇通往複利投資與各種計畫的成功之門。

靠近界線，才會知道冒得風險是否有利。

如果你有機會近距離觀賞世界上最高的瀑布「天使瀑布[5]」時，就會明白爲什麼人們都害怕靠近邊緣。因爲那眞是非常驚心動魄的景觀，震撼感十足。但這樣的景觀也只有在地面上才能充分感受，絕不可能從飛機上體會得到。因爲你在飛機上體會不到站在地面時所感受到的垂直感和高度。

成功就像委內瑞拉瀑布九百六十四米落差的終端，你並不想縱身一躍，你只想知道終點在哪裡。因此你必須靠近邊緣，否則你永遠不會發現你所冒得風險對你是否有利。

5 Angel Falls，又稱爲「安赫爾瀑布」或「丘倫梅魯瀑布」，是世界上最高的瀑布，位於委內瑞拉東南部的「卡奈瑪國家公園」（Canaima National Park）中。

三、創業家誕生：第一次冒險

二十七歲時，我已經升上經理，調到家鄉索爾特分行，負責經營職務。然而，我並不覺得自己已經成功，反而覺得我的銀行生涯該告一段落了。

我當時收到的聘任合約包括了：納瓦爾銀行的審計師和加泰隆尼亞銀行的分行主管，然而我卻決定在銀行業正值頂峰的時候離開。這次轉折讓我進入了企業界，一切從頭開始，同時我也結了婚，成為兩個孩子的父親，面臨這一生至今最具挑戰的危機（也同樣是機會）。

這時我也著手開拓第一項事業。我做過很多事，有的難以置信，且毫無利潤，有的則非常成功，也很有風險。

這時期的冒險確立了我的人生道路。當時我成立了一家冒險運動公司，並前往亞馬遜叢林最偏僻的角落探險。在叢林裡我必須面對很多危險，但我也相信這對我是最好的經歷。你學會了克服風險，也學會了為了最終獲得勝利，你得準備好失敗。

13

二十七歲的時候，我已婚，有一個孩子，做著銀行經理的優裕工作，報酬豐厚，然而我卻告別了銀行業。骰子已經擲了出去，我必須繼續前進，創辦新的事業，一項我一無所知也毫無經驗的事業。更糟糕的是，多年的刻板生活已經埋葬了我也許曾經擁有過的才能。

這也是我最初的一些創業大多不是很成功的原因，儘管當中有些是成功的。在這個時期，我投入了所有我想到能經營的行業：旅遊、餐飲、珠寶等等，我從一個不可能的行業跳到另一個不可能的行業中，學到如何在商圈中生存。

有時僅僅只是爲了生存，眞的，因爲我曾經失敗過兩次。一次是我的失誤，另一次是因爲他人總在找機會破壞你的事業。而等到我眞正開始收穫耕種的果實時，已經是好幾年之後的事了。

勇氣激發才能；才能創造機遇；兩者相乘可以讓你超越衆人。

我們可以用很多種方式訓練自己：閱讀、學習、觀察、傾聽，或者就只是單純地活著。然而，我們只能在挑戰勇氣中測試自己的技能，並且訓練自己的才能。

這是成為好運候選人的唯一途徑，而你努力的成果也會為你戴上勝利的桂冠，讓你受朋友簇擁，受敵人尊敬。

14

投身商界後不久，我突然間獲得了一個創業的機會。我深信自己挖到了金礦，因而欣喜萬分。當時的想法很簡單，就是用貨運拖車把馬鈴薯從巴賽隆納運到伊畢薩島（Ibiza island）銷售。

然而，要啓動這個計畫需要一筆不菲的投資。這點沒有難倒我，我明白做生意都有風險。可是當第一筆馬鈴薯生意終了，我才弄明白了狀況：利潤僅一百二十歐元。我的馬鈴薯生意從此畫下句點。

不要為了冒險而冒險。

因爲資金充足而創業，與出於需要或者興趣而創業，兩者有很大的不同。好幾次我碰到非常理想的投資機會，也隨即投入資金，因爲我相信某個投資點子不錯，或者我可能有機會打入某個特定市場，但到頭來都發現這樣的投資是不必要的。

你需要清醒地分析你的投資是否能有回報？而不是只擔心運作起來是不是很費力？有選擇的投資只意味著你要計算價值，然後把手中的資源效益最大化。

15

有一天，我忽然想到可以在索爾特開一家餐館。

但也就和每次的創業一樣，我當下就決定我的餐館要與眾不同，風格獨特、格調高雅，任何人來過以後都不會忘記這裡無與倫比。

於是我在正餐結束時，便贈送每位客人一根雪茄，作爲本店的標誌性服務。我花了很多時間讓這個想法成功，結果是：不僅當地人和餐館顧客改變了用餐的習慣，也使得一個在人口僅僅一千五百人的小鎮上的菸草商，成爲全省第二大菸草銷售商。而本省第一大菸草銷售地，是一個人口爲十一萬五千人的城市。

在蚌殼裡找到珍珠很容易，除此之外也許很難，但未必不可能。

我們都希望凡事穩妥，因此我們只追求我們必定能實現的目標。然而，我們常忘記大家往往都會這樣想，所以我們認爲很簡單的事，實際上反而變得很難，因爲每個人都在追求同一個目標。

也因此，最終在其他地方找珍珠，反而會比在蚌殼裡找珍珠容易。

16

在索爾特開餐館不久後，我便開始引入別的特色服務來提升顧客忠誠度。比如，我會爲點啤酒的顧客提供精美小吃。縱使精美小吃的成本與品質都遠遠超過客人點的啤酒，然而，很快我就比附近餐館售出更多的生啤酒了。又過了沒多久，就連西班牙醃火腿的銷售量也無人能超過我們。

我提供的不是普通醃火腿，而是上好的西吉拉火腿（Jiguela）。偶爾我會當著每個人的面，親自動手切西班牙最好的火腿，讓每個人看得口水直流。店裡的顧客也常常在看了之後，都忍不住再多點一份火腿加啤酒。

行銷的效果在於行銷本身。

天生就會做行銷的人，不僅活動能力強且無需多思考，就能實現他們的目標，也知道如何讓這件事自然而然發生。

而行銷的方法數不勝數，甚至多到讓人無法逐一細數。雖然所有的行銷手段都值得尊重，真正能起作用的卻是最自然不矯揉造作的那些。無論如何都不要忘了，行銷的最終目的，就是要將存貨全數賣出。

17

一九八七年，我和全帕拉斯郡人一樣都投入了冒險運動行業。這行業對所有人來說，都是個嶄新的世界。但我決定一旦投入，就要成爲這一行最頂尖的，且不光在西班牙，還要成爲全歐洲最好的公司。

從事這一個充滿挑戰的行業需要大量努力及投資，因此有些合作夥伴一開始只是單純爲了盈利才參與。所幸後來我們的生意也非常成功，我們幾乎無法應對雪崩一般的客户來電。

然而，就跟任何同類的專案一樣，我們得持續注入資金好維持硬體設施正常運作，確保公眾維持高度的興趣。不幸的是，有些投資者沒有看到立即的回報就對這個行業失去了興趣。

成功的人不會在小雞孵出前就計算數量

投資和利潤分配各有時，但很少同時發生。問題是很多生意人只在乎一件事——利潤——而不考慮其他的事務。

打個比方，就像是新生兒來到了一個需要迅速適應的陌生世界，爲了要最終有一天收穫碩果，他得要經過一個漫長的過程，甚至需要積累一輩子的經驗才行。而所有企業都像嬰兒，差別只在於，人們不會給企業超過三年的時間將投資轉化成利潤。事實是，我們都想獲利，但是我們無法強求。

我們無法一夜致富，只能盡可能隨時創造利潤。

18

開始籌備將冒險運動引進西班牙時，我曾去法國和義大利參觀當時的領軍企業。雖然我在這個行業裡還是個新人，但卻已很清楚知道：我必須熟悉這個行業如何運作？以及競爭對手又是誰？

我去參觀他們的廠房和設備，了解到爲什麼他們會把廠房設備擺在那裡，也知道自己能做到我所看到的一切。因此我不允許自己恐懼，必須立刻迎頭趕上。離開的時候，我甚至還大膽告訴他們：「三年之內我會做得比你們更好！」當時大多數對手聽到這句話時都哈哈大笑。

但是幾年之後，當我們全力以赴地發展後，再也沒有什麼比知道以下事實更讓我滿足：當你眞心希望實現一個目標時，通過不懈的努力，即使是一開始看起來不可能的事情，最終就會變得可能。

目標愈高遠愈難完成，但滿足感也愈大。

五十幾年以來，我都深信，沒有遠大抱負的人不是個完整的人。

然而，「抱負」和「貪婪」並不能混爲一談。抱負是具有不斷進步的意願，渴望在你的城鎮、地區、國家和世界中成爲最好，成爲冠軍中的冠軍。同時也意味著你希望到達最高的頂峰，別去在意抵達頂點有多困難，或是一個人能在過程中賺到多少錢。

眞正有價值的，是你最終實現理想時所獲得的滿足感。

19

投身冒險運動三年後，我們就擁有了歐洲最好的設施。此時最簡單的作法就是按照既定的目標營運，然而我並不希望自限於當時已在進行的幾項河流活動中。相反地，我們反而不斷引進新的運動專案，比如雙體划艇，甚至還想出諸如「活潑球」（horopo）等新鮮點子。

我始終保持開拓的態度，儘管這些點子沒能吸引到足夠的客户量，但是我們仍舊達成了兩個重要的目標：一、在電視和新聞媒體上持續的曝光，使得我們始終位居業内的領先企業；二、好奇的大眾絡繹不絕地到我們公司總部參觀。

其中有很多訪客原本只是單純來觀摩我們在做的事，但最後卻紛紛投入他們自己所喜歡的運動之中，比如泛舟：這項運動不僅好玩，經濟價值和安全度高，非常適宜家庭參與。

高舉白旗不如自我激勵。

我總是不斷進取，尤其是在碰到困難使我更難施展身手的時候。在我看來，放棄是筋疲力盡和懦弱的表現。不願意冒險的人，不相信回報有更多的人，覺得自己已經盡了全力的人，都會向現實低頭。

唯有那些不接受現實、不懼怕嘗試新鮮事物的人才會不斷學習，不斷創新，充分享受生活。

20

在經營冒險運動行業期間，我一直致力於發展新鮮、有獨創性的活動，好讓這些活動保有新鮮感。懷著這種想法，我發明了一種直徑爲五米、充氣後可以擔負兩人重量的透明球「活潑球」。這種球可以在沙灘上滾動、滾下斜坡，或者在河上漂浮。

我在巴黎找到願意生產這種球的廠商，隨即也打了電話給合作夥伴討論預算。而當我看到他們臉上寫滿疑惑時，當下就決定要拿出發展這個項目所需的一萬八千歐元費用，這也就如同其他多數我所發展的計畫一樣。

我毫不懷疑這個項目的前景，而時間也證明我是對的。活潑球最後變成一個零成本的行銷途徑，日本和許多其他國家的雜誌都報導了這項產品。兩年之後，可口可樂委內瑞拉公司更是支付我三萬歐元購買他們在南美洲海灘拍攝的廣告中使用這種球的權利。最終，所有的風險都值得。

沒有風險就是最大的風險。

雖然勇氣和勤奮有時也會讓我投身於前景不佳的專案，然而這些失敗的項目卻也同時教會我，如何實現他人覺得不可能的目標。

只看到前景陰暗的人是永遠得不到回報的。但爲了冒險而冒險也是荒唐的行爲，儘管這種行爲也許值得景仰，但任何冒險都必須至少有十八K金的價值才行。

21

我最害怕投入的冒險運動是高空彈跳，然而爲了拓展業務，我們必須不斷想出新的刺激運動來吸引客户。但我對安全非常堅持，因而決定應該爲高空彈跳的人建一座專屬的橋才行。

在這之前，我們都是在一座車輛和行人眾多的橋上從事高空彈跳運動。但這樣還不夠好，因此我特別請來一位法國實業家來造橋。這麼做當然代價高昂，我也因此飽受批評。然而，只要安全堪慮，就無法進行任何活動。我們需要一座隨時都能讓我們使用與掌控的橋，況且我堅信投資終會有回報。

因爲這座橋不僅僅是做高空彈跳的地方，橋柱還可以用來攀爬，而更錦上添花的是，酒吧外的户外活動區每天都擠滿了觀望的人。十五個月後，造橋花的錢又全部回到了我們的口袋。

樂觀是最好的投資。

不管你有多少錢或者能賺多少錢，如果你對手上的生意不百分之百樂觀的話，你就永遠不會成功。樂觀是相信自己，也相信自己正在做的事。

在你開始創業時，你首先必須把所有負面的想法拋至腦後，擁抱樂觀的思想。因為，悲觀者只看到障礙並消極以待；樂觀的人則會尋找障礙並全力剷除。

22

某一天，有個在冒險運動公司工作的教練跑過來和我半開玩笑地說，他已經很久沒看到電視台的攝影機出現在附近了。他的話正中要害，因此我隨即撥了電話到電視台，向他們爆料有個西裝革履的商人要從我們的橋上跳下去。

第二天早上，攝影機和記者們都到場了，急切地想知道那個人是誰。然而，他們並不知道那個人其實就是我。突然間，我們一分錢沒花就成了新聞焦點。而那些影像最後更被用在流通全國的流行香皀品牌包裝上，也等於在爲我們做廣告宣傳。同樣的，我們的泛舟、獨木舟和高空彈跳等場景，也曾出現在索尼、日產福滿多（Vanette）汽車和馬度塔諾（Matutano）零食的廣告中。

製造新聞話題就等同免費宣傳。

所有的行銷和廣告部門都必須知道如何製造有新聞價值的事件，以及免費廣告的機會。而這麼做的附加價值是，這類點新聞必定會出現在最貴的廣告媒體。製造新聞能爲公司節省大量通過媒體提高產品知名度所需要的開銷。

製造新聞就如同別人付錢找你做廣告，而不是你付錢給別人做廣告。而額外產生的收入，就有可以拿來幫助企業思考原本不會考慮的其他投資。

23

每次只要到冒險運動中心，我都會特別去看看河流泛舟項目。因此很長一段時間以來，我一直在思考著要讓皮筏看來更有特色的方法，但始終苦於對策。終於，有天在看過數以千計的皮筏順流而下以後，我想出該如何裝飾皮筏的方法了——在船尾都加上以靈活傳動桿連接的旗幟。

我依然記得那天的情形，當天我們正爲一組婚禮嘉賓規畫一場泛舟探險，而這些皮筏呈現出了壯觀景象。最後，我們的皮筏漸漸成了公司在河上的標誌。他們看起來多姿多彩，醒目突出，總是吸引人們的目光，甚至連過往的車輛都忍不住會停下來拍照。

「差異化」是成功的隱形同義詞。

想成功，首要就是要避免一成不變。

「差異化」並不代表一定要做不同的事情，而是找出能夠應用已知的新方法。差異化也意味著你願意打破規則，用嶄新的視角看待自己的事業。如果你做任何一件事都不能脫穎而出，就無法成功。

不管任何事，事業和處境也都一樣，一個人必須有勇氣把比較容易的事情做好（而有趣的是，這一點常常被人忽視）。成功在於你脫穎而出的能力，不在於你做的事的難易程度。

24

在擔任國內外兩家冒險運動公司經理一職期間，我深度參與了運動項目的推廣活動，即使我自己絲毫都不熱中這些運動。讓我深感興趣的始終是那些隱含廣告作爲的活動，這也是爲什麼我能爲皮筏找到一個非常特殊用途的關鍵。

我曾擔任索爾特的地方的治安官，當時我向一對新人提議了在諾格拉河（Noguera Pallaresa River）上舉辦婚禮，他們也一口應允。雖然其實他們早已經在婚姻登記處註冊結婚，我們策畫的只是一場模擬婚禮而已，但也沒人能說它不能像是一場眞正的婚禮。

當天，這對新人在用繩索固定在湍流兩岸的皮筏上，又舉行了一次結婚儀式。典禮之後，載著新郎、新娘、親朋好友和來賓的十五艘皮筏順流而下，所有見證這一刻的人都爲之動容，其中也包括了五家拍攝了婚禮過程的電視台以及在場記者。一夜之間，漂流婚禮的報導登上了全國各大報刊雜誌的版面。

冒險的意義不在於進行冒險，而是發掘自己的潛力。

冒險指的並非是去實現一項計畫，而是在冒險過程中發掘自身潛力。因爲無論創業者的精神有多麼崇高，但若無法選擇正確的方向，依然不能眞正面對挑戰。

我從來無法眞正理解爲什麼人們會對冒險運動如此熱中，至少我自己對這些運動就從來都不感興趣。廣告才是我眞正的興趣所在。正是在這個領域之中，冒險精神爲我指點出方向，讓我想前進就前進。

25

我對體育運動一向都不熱中，然而這並不妨礙我投身冒險運動的事業。相反的，我自創立這個企業以來就全力以赴地推廣冒險運動，並且充滿激情地針對一系列的運動進行行銷推廣，儘管老實說，我覺得這些運動項目十分荒謬。

我無法理解爲什麼人們願意大老遠開車過來，排著長隊，花一筆錢只爲了享受又濕又冷的快感。但是這一點完全沒有削弱我對工作的熱情。我們的事業很成功，在歐洲更成爲這個行業的絕對領先者，不僅我們的顧客最多，運動活動的種類也同樣最多。然而，當時機成熟時，我又會投入另外一個更激動人心的行業。

善加規畫未來，因為你的餘生都將在未來中度過。

無論人力市場的情況如何，你都無法否認工作是你生活中極其重要的一部分。因此你必須很小心地選擇職業，入錯行是很不幸的事，代價也會很慘重。你必須養成這樣的能力：熱愛你所選擇的一切，這樣才能時時刻刻都樂在其中。

若能同時從事一種以上的工作更好，因爲變化會帶來靈活度，讓你不至於感到被陷在生活的某處。一旦你能爲自己做主，你就會憧憬未來。若是你心存疑慮，記得要向他人尋求支持和建議，但是永遠不要忘記只有你能決定自己的未來。

26

冒險運動公司成立三年之後，我決定去一趟南美洲探險，儘管這個新冒險所費不貲，更有人把這看作是我個人想度假的藉口，但我並不在意。我真正在乎的是這項探險活動會對媒體產生的影響，以及爲公司帶來的相關效益。

於是，一九九〇年時我和八個委內瑞拉人、六個西班牙人踏上了極具風險的冒險征途，目的是去亞馬遜叢林拍攝一部系列紀錄片。我們在那裡待了七十天，走過平原、穿過叢林，登上了巴西和委內瑞拉邊境的薄霧峰（Pico da Neblina）山頂，後來我們更以這座山的名字爲我們的影片命名。

我們和當地員警、皮亞若亞印第安人（Piaroa）以及亞諾馬米印第安人（Yanomami）有過幾次不太愉快的交涉，還和野生動物有過幾次驚險照面，更有幾次對我們的物資運輸安全造成影響的突發事件，而在無數個小時的拍攝之後，最終只剪輯出來十二集每集二十五分鐘的作品。

之後，我便開始不斷造訪製作公司和行銷代理商皆，試圖將我們的作品賣出去。就在我以爲這一切努力都是徒勞時，一個想法忽然降臨：我們可以試試坎城影展。我不放棄，最後終於找到一家發行公司，而且很快的，該系列紀錄片也在日本、南美、德國和西班牙等各國放映。

懶惰是運氣的敵人，不勤奮就不會有好運發生。

人們很容易把成敗都歸於運氣。但同時你也會發現，當你真心想要開展一個野心十足的計畫時，很多人卻都會希望能夠加入你的行列。不過，一旦他們發現專案不僅牽扯到目標實現，也必須加倍努力時，就會紛紛跟著退縮。只有在他們說「我原本也可以做到的」的時候，才會意識到自己是因爲恐懼、自私、缺乏決心或者三者兼具的原因，當時才會早早退出。

在你得到自己想要的東西之前，永遠不要停止敲門。或許裡面不會有任何一扇門爲你打開，但是你敲門的聲音卻可能會幫你打開隔壁的機遇之門。

27

第一次踏入亞馬遜叢林時，我的目標是要找一個理想的拍攝地點，與我同行的是一隊比我更勇敢的專家。但才前進了兩步，我就意識到周圍無所不在的危險。

我們的四輪驅動越野車在雜草叢生的小路上行進，很快就遇到了挫折——車輪常常陷進泥濘的坑窪之中——別無他法，我們只能選擇跳下車推著車子走，同時間，還得時刻注意河岸上美洲鱷的動向。當時的情形很緊張，但只要鱷魚還和我們保持著距離就沒有問題。

一直到後來，我們偶然遇到一隊生物學家，他們才讓我們意識到原來我們差一點就被那些爬蟲動物給吃下肚了。因爲當那些生物學家們朝水中撒下幾個網時，突然間就有不下二十條狂怒兇暴的鱷魚露出水面。

勇氣是生存最好的武器，不要把它留在床上。

我們可以在現實生活中找到兩種叢林，一種是眞實叢林，另一種則是人生遭遇，我們都清楚最危險的那一種。而在兩者相比之下，眞實的叢林簡直就像是遊樂場，例如，你可以徒步、駕車或者飛過亞馬遜，然後在出來的時候只遭到蚊蟲咬傷。然而，在生命的叢林中，雖然我從來沒被蚊蟲咬傷，但卻曾經被踐踏過。

因此，我每天醒來時都會想像面前有一片叢林。我之所以會這樣想像是因爲：首先，叢林的意象令我著迷；其次，其實每天早上一睜開眼睛，危險就無處不在了。因此，絕不要把你的勇氣留在床頭櫃上。

28

在亞馬遜拍攝系列影集期間，我們到了卡羅尼河（Caroni River）河畔的鑽石礦區，該礦區是委內瑞拉第二大礦區。在那裡有許多人從早到晚都待在河邊，一天十二小時在十分危險的工作環境裡不停工作。

他們爲了努力擺脫貧困，冒著生命危險日復一日勞動著。我永遠不會忘記當我花了好幾小時從河床上挖到一顆鑽石時的感受。那不過是一塊〇・二五克拉重的石頭，但是已經足夠讓人知道它的價值。

最棒的回報並非不勞而獲，而是勤奮工作的成果。

一顆〇・二五克拉的鑽石也許並不能補償你一天勞苦工作的艱辛和犧牲，但重點是，你必須相信明天你會找到一顆一・二五克拉的鑽石。屆時你將不會再覺得腳有多麼冷，膝蓋有多麼疼痛，你會凝視著銀河中的星辰及其璀璨的光輝，並感受到你付出那麼長時間的尋找、勞動和等待都是值得的。

29

在南美探險時，我也有了機會和當地的原住民部落面對面接觸，甚至還訪問了幾個營區。其中最令我感到驚訝的是，原住民蓋房子的方法和我們完全相反，他們是從屋頂開始造起。

這樣做是因爲他們的房子是一體成形：整體框架包括從頂端一路延伸到地面的屋頂，若干支柱，以及頂端作爲通風和散煙開口。而我不得不承認這樣的結構很有道理。

在創業家眼中，所有規則都可以被改變。

如果你只聽從大家的說法，將永遠不會想到可以從屋頂開始造房子。而企業的核心任務之一，就是找到各種變通方法。爲了達到這個目標，你需要改變規則。否則，你不會成爲一個創業家，而只能做商人。若想要夢想成功創新就必須敢於冒險，打破常規。

30

探險途中，有一次我們乘坐直升機飛越亞馬遜上空時，做了緊急迫降，地點是在叢林裡內格羅河（Rio Negro river）流經的區域。因此，當時我們不得不在數英里外唯一能夠露營的地點搭設帳篷。

但其實夜晚在該處露宿相當危險，因爲那裡是在河中的小島，四周被大水環繞，帳篷距離河水的僅不到一百米。更糟糕的是，河水非常容易氾濫。

爲此，整晚我們都沒有入睡，圍坐在火邊吃烤肉，感覺周圍各種野生動物的存在。當夜晚愈來愈寂靜時，牠們的存在也愈來愈讓人不安。我一生中從未在四十八小時之內經歷如此之多的感受。這是我永遠也無法忘懷的一次經歷。

人生的道路就是要不斷發現新道路。

和其他人一起旅行時，我經常發現，或者應該說我總發現，其實人們在走路的時候從不會往四周看。他們總是忘記，雖然在趕路，也還是有可能可以體驗人生，並找到新的道路。

人們常常忘記旅行是發現新可能的最好方式之一。而且和很多人所想的不同的是，旅行不單只是在參考地圖而已，其實更應該像在翻閱百科全書。

31

十五年前，我從南美回到西班牙，帶回一部電視紀錄片。那是我第一次拍攝亞馬遜森林的系列紀錄片。在經歷過如此富有挑戰的探險之後，我學到了很多，感覺自己彷彿就置身在天堂。

然而，當時公司的一個合夥人卻出於嫉妒，因而破壞了我那一刻美好的心情。爲此我大發雷霆了有兩個小時之久，但那也是我最後一次允許別人從我這裡偷走快樂。

每生氣一分鐘，就等於失去六十秒的快樂。

你要避免浪費時間在生氣上，要向前看，關注自身，而不是在意身邊的人說了什麼。如果你不巧聽到別人的閒話，就一笑而過吧，別放在心上。

若是你能有效地疏導自己的怒氣，把負面的情緒轉化成快樂積極的情緒的話，人生就會過得更加精采並且輝煌，痛快得像流過天邊的大河。

32

從委內瑞拉叢林第一次探險歸來，我便察覺到了自己的改變。最明顯的變化是我瘦了六公斤。但更重要的是，我知道下次再去南美時，我再也不可能只是做一名觀光客了。

我常常看著飛機從卡奈瑪機場起飛，每一架航班上都搭載著二十到三十名去看天使瀑布的旅客。但是他們從來沒有在一英里內的距離觀賞過那個自然奇景。這些旅客他們都是從飛機窄小的舷窗看到那片風景——飛到那裡，拍張照，然後就結束了。

不久之後，我又去了一次委內瑞拉，而這次的目的是深入這個國家的野生腹地，拍攝電視廣告。

每分鐘都過得明確。

當一個創業家，是會令人上癮的，但其實並不簡單。創業家必須不斷地完善自己，而要在經歷一連串的成敗之後，還要去想做別的事情更是難上加難的。

創業家人生的每一分鐘都目標明確，分分秒秒都致力於進步、發現和收獲，在面對爭議時仍能泰然自若。

33

一九九〇年，我和一個二十二人的團隊飛去卡拉卡斯[6]拍攝商業廣告。毫無疑問的，如果沒有大量的投資購置裝備和材料，便沒有辦法完成這個計畫。但和接下來即將面對的天使瀑布相比，籌備工作根本是小巫見大巫。

這是我第二次踏上這個國家的土地。我很擔心雲層太厚遮擋太陽，使得我們沒有足夠的時間拍到陽光照耀山頂，而且工作條件也十分艱苦。我們反覆飛去現場，拍攝影片，做實地考察，直到最後終於覺得拍攝時機成熟。當時只稍一個瞬間，我們就突然間進入了拍攝的狀態。或者更確切來說，是跳傘員一下子就跳入空中，我們驚得目瞪口呆，擔心最糟的狀況可能會發生。

一直等到我們看到他依然活蹦亂跳時，才意識到跳傘時的縱身一躍和自由墜落是多麼壯觀。而我們的辛勤工作和冒險經歷也在一年之後得到了回報，以索尼攝影機拍完的廣告在二十個國家大獲成功。

投資除以工作時間等於報酬，其餘的都是運氣。

我一直對廣告很著迷。這種著迷讓我傾注大量時間和精力，最後，我甚至開發出一種最終能帶來利潤的關鍵促銷模式。這一模式包括三個部分：被除數（投資）、除數（工作）、商（利潤）。

6 Caracas，委內瑞拉首都。

34

我的冒險運動公司成立於一九八七年，公司的草創者包括一群被我的熱情所感染的朋友、客户和合夥人。因此很快的，全公司上下都充滿了熱情，業績也遠遠超過我們的預期。

六年之後，我們已經引進了十種體育活動，也擁有最豐富的產品目錄，活動設施每天都擠滿了使用者。但是，幾乎是一夜之間，我們的一切成就都化爲烏有，原因是我們做了建造一個庇護所的錯誤投資。

至今我還不明白這一切是怎麼發生的，我們有一份穩妥的合同，只需要認可簽署和執行必要的項目。然而，庇護所一建好，冒險運動公司便開始搖搖欲墜，因爲公司將百分之九十五的資金都用在建造庇護所上了。就這樣，不僅冒險運動的事業結束了，我對合夥人的信任也畫下了句點。自那以後，我做什麼事都一個人做，再不與人合資。

商場如戰場，孤單是經營者的最佳夥伴。

創業家一輩子都在做一連串具風險、堅強且勇敢的決策。若想擁有決定權，一個人首先必須傾聽。一旦你聽明白別人要說什麼，下面的腦力激盪就應該由你自己來完成。

當老闆就意味著必須做決定，做決定是老闆的事。因此，如果你希望從戰場倖存或者在生意場上成功，你就必須爲自己下決定。

35

我在一個除夕夜，同時向一九九三年與冒險運動事業告別，而這一切都發生在我的事業達到頂峰之時。此刻帕拉斯（Pallars）盆地充滿了生機，酒吧、飯館、舞廳和大型賣場林立，商業活動之所有能夠如此興盛，全都是拜冒險運動在那裡發展蓬勃所賜。

我們的成就被認爲是西班牙罕見的現象，甚至也開始獲得一系列的獎項。但是，合夥人的不當行爲卻葬送了我八年的辛苦努力，一切都徹底結束了。

幾個月後的某天，我和兒子經過運動設施附近，我忍不住感嘆：「眞是糟透了！」然而，我當時只有十歲的兒子卻衝口說出：「才不糟呢！你做的那些設施是爲了讓人們得到歡樂。」

輸家埋怨失敗，贏家懷念成功。

只有那些能夠爲理想奮鬥的人，才能體會成功的眞正含義。

如果成功已成爲過去，也不要滿懷怒氣回頭看，而是要把所有的負面情緒拋開，接受你過去所有的行爲，無論對錯，然後去尋找最好的答案。

四、創業家誕生：一個「荒誕」的想法浮現

在經歷有些成功、有些失敗的最初創業經驗後，我決定將很多人視爲「荒謬」的想法變成現實——我要在索爾特小鎮上開一家彩票投注站。

當時每個人都告訴我索爾特根本不是經營博彩業的好地方，這裡沒有足夠的人能創造出足以維持彩票投注站生存下去的額業額。而一個兩百多年歷史的行業，也並非是一個有夢想或者有遠見的人會感興趣的行業，而且如此古老的行業也無法變出什麼新花樣。然而，我的熱情卻絲毫不減。

那段時間我過得很辛苦，我必須做決定，忘記以前成功的經驗，並且避免犯錯。同時間，我還要在一個不太有創新空間的行業裡，努力找到自己的位置。

此時，我和競爭對手也有了初次接觸，沒多久我就得到了他們的認同。接著我便發現，最棒的回報永遠是自己勤奮努力工作的結果。

36

在一個人口不到一千五百人的山區小鎮開設彩票投注站，聽起來恐怕不像是個好機會，反而很荒謬。畢竟全國各地有成千上萬個彩票銷售點。甚至很多人也確信我不可能賣出足夠的彩票來維生，更別說是要致富了，他們還說如果我能打平就已經算很幸運。

但我仍舊決定關注對我而言眞正重要的事：爲這個產業的客户提供他們所期盼的服務。我要向他們銷售「未來致富的夢想」，而彩票就是爲了這夢想所設立。

時至今日，西班牙已經衍生出了兩種樂透券：一種在全國數千個彩票站銷售的國家彩券；另一種則是我所販售的獨特零售彩票「黄金女巫神奇夢想彩」（La Bruixa d'Or）。

創新是創造大衆想要的東西。

「大眾皆有隱而未說的需求」，而創業家的使命就是發現這些需求，並提供相應服務。此時創新的想法會有助於這一過程開展，但是這些想法卻不一定消費者想要的。

「創新」不應該僅僅是願望，而應該是直覺的產物，這股直覺將有助於預期大眾的需求，並且增加、補充或者推動大眾的積極意願。你必須明白大眾對你的眞實期望是什麼。這樣一來，大眾，也就是你的顧客，才會對你的事業大加讚譽。

37

一九八六年八月十日，我決定在索爾特開立一個彩票投注站。但不到兩天，我就明白這不是一件容易的事。因爲彩民們根深蒂固的購買喜好和傳統，讓他們只喜歡在固定的彩票點買彩票，不論這些彩票點位是在西班牙哪個地方。

因此，如果我想在彩票業占據利基市場的話，就必須吸引客户並贏得他們的信任。別無選擇，我只能在接下來幾年的每個星期都開車到鄰近市郡的每一個城鎮與酒吧尋找客户，其中包含了：瓦爾德阿蘭（Val d’Aran）、瑞巴高查（Alta Ribagorça）、烏塞爾（Pallars Jussà）、烏赫爾（Alt Urgell）、塞爾丹亞（Cerdanya and）以及諾格加拉（Noguera）。

終於在開了六萬二千英里的路之後，我實現了自己的目標：顧客們現在都來找我買彩票了。

高山積雪由片片雪花覆蓋而成，漫漫長路也要從一步步跨出開始。

每個細節都像是一小滴的潤滑油，雖然看上去無足輕重，但用得適量就會有足夠的力量讓馬達平滑運轉。因此你必須完成所有的任務、關注每個小細微，不管他們有多麼艱難、冒險或者嚴峻。

如果夠堅強，能克服道路中所有的障礙的話，就可以達到所有的目標，或至少能縮短你和目標之間的距離。

38

經營彩票投注站最初幾年困難重重，對我們來說，就連要達到全國彩票監理會要求的最低銷售額都是件艱巨的任務——我每個星期必須至少售出價值二十五萬比塞塔（即一千五百歐元）的彩票。

我還清楚記得在某一天，情況有了轉機。當時我正在計算當週賣出的彩票，而在我一抬頭看到了彩票堆的高度時，純粹的喜悅照亮了我的臉。我把手放在那一堆彩票上並且驚奇地發現，彩票的高度已經超過我手掌的長度。

現在，我賣掉的彩票已經能裝滿兩個掌寬的盒子了，但是這點再也已經不會讓我感到驚奇了。

行銷之道在於簡單，簡單就是聰明。

你當然可以學習開卡車，但其實小轎車停車一定容易許多。因此你如果有辦法把事情做得簡單，就代表了你很聰明。那些炫耀成功的人最後常常都敗在一個關鍵的行銷原則，那就是：化繁爲簡。

當一切都很順利時，你會覺得人生是玫瑰色的，這很自然。但是，正是一切都順利的時候，你才更需要充滿警覺，免得事情突然變糟。

39

七〇年代時，我的辦公室可說只是象徵性的而已。我們只有簡單的桌椅和服務顧客的小櫥窗，其餘就什麼都沒了。這樣精簡的工作環境可說是每個會計師的理想，因爲不會在不需要的設備上多花一毛錢。

當然，我們也可以買影印機和傳眞機等等被認爲只有跨國企業才擁有的奢侈設備，好讓當時還只是一條小魚的我們可以通過擁有這些現代辦公設備來炫耀，彷彿他們就是王冠上的寶石一樣。而這樣的寶石也會吸引顧客的目光。

因此，雖然實際上我們根本利用不到那些先進設備所能提供的科技優勢，但是我仍舊在八〇年代電腦發展初期就搶先購買了一台電腦，爾後又買了筆記型電腦，而現在我則使用著最先進的手機。現在，無論我在哪裡，總會有人對我手中那些神奇的新發明感到興趣。

要展現驕傲，就秀出你最好的部分。

擁有最先進的手機並不是爲了享受科技帶來的優勢，而是關於地位。打個比方，或許你在和一個人聊了十分種之後，仍不會知道對方是怎樣的人，但是卻會知道對方用的是什麼手機。人們會單從手機來判斷他人的身分地位。就算你完全不知道如何使用自己手中最新手機的半數功能也無妨，這並不妨礙你購買市場上最好的手機產品。你要考慮的是，自己希望人們對你有怎樣的印象。

因此，我一直要求自己保持樂觀，展現最好的自己。相對的，我的客戶也能從我這兒得到最好的服務和支援。

我們會害怕驕傲，多半是因爲害怕批評。然而我們卻常會忘記，如果我們不帶著自信和驕傲，顧客就會很容易認爲我們的產品或服務很普通，或者更糟的是——並沒有那麼高的價值。如此一來，根本無法吸引顧客。所以你必須保持自信和驕傲，因爲顧客也希望爲他們擁有的產品或服務感到驕傲。

40

八〇年代末期，在彩票投注站開設了四年後，我決定開始使用郵寄目錄的方式促銷。

但由於當時還是個新手，因此不可避免地犯了一個大錯——因爲客户群雖然增長得很快，但是由於人手不足，加上時間和資源都匱乏，所以我們並沒有向客户索取電子郵寄帳號。因此，我們想發郵件給客户，卻不知道該發到哪裡。

爲了讓行銷活動進行下去，我只能雇用一家代理機構幫我找到欠缺的電子郵件帳號。在同一天，我也重新整理了所有客户資料，並且監控彩票投注站的所有新客户。從此以後，這成了我每天的工作。

現在，我們做的行銷活動主要針對Facebook、推特這些社交網站，充分使用新科技帶來的便利。如今，我郵寄清單的總量數已經超過國內任何主要銀行的郵寄清單。

不怕犯錯，只怕犯同樣的錯。

幸運的是，我肯定還會繼續犯錯。但同樣幸運的是，我不會重複犯同樣的錯，我只會犯別的錯，這就是學習的過程。創業家必須接受挫折，才能繼續進步。

哪怕是最有智慧的人，也不敢斷然說他們從來不會犯錯。而且事實上，最聰明的作法其實就是去犯錯。避免挫折、實現目標的唯一方式是不斷發現、不斷進步、不斷進取，並且始終保持勇氣。

凡是在征途中冒過險的人，都明白這個道理。而那些凡事只求穩妥的人，只會像是個不小心路過的行人，與敢犯錯者是全然不同的大多數人。

41

在彩票投注站開張前的幾個月，我曾面臨了一個重大決定。我必須選擇開一家由全國彩票委員會管理的彩票投注站，還是由加太羅尼亞地區（Catalan regional board）管委會監管的彩票投注站。而顯然後者能給我帶來更多的抽佣。

但是，當我仔細研究了兩個方案之後，發現若加入國家彩票委員會，我更有機會售出樂透累計彩票，因爲我這樣就能夠接觸到全國五十四個省分的銷售網路，而不僅限於自治區的四個銷售點。

微小差異，通常就是成敗關鍵。

許多事情表面上看來，所有的條件可能都相等，但卻常常僅止於表面。不管一個差異第一眼看上去有多麼微小，只要假以時日，這個差距就會變得巨大。

而對一個公司而言，小小的差異往往就會決定公司是否業績糟糕、前景渺茫？還是業績突出、事業穩固？後者不需要額外浪費任何一分資金，就能收到正面的效益。簡言之，謹愼選擇正確的選項就是王道。

有時我們太容易去選擇利潤最高的業務、收入最多的工作，或最高的抽佣。但是請注意，就我的經驗而言，開價最高的業務鮮少帶來最好的結果，這也許是因爲太好的事總是不太眞實。若是你常常接受並感謝小小的機會，反而會更容易成長。

如果你不是每次都穩健地邁出一小步，那麼很快就會耗盡精力，而此時你會發現其他人則都沉著在往前進。

42

漸漸的，我的彩票事業有了起色時，但仍有許多西班牙彩票投注站對我不屑一顧，覺得我根本撐不過一、兩年。而同時間，還有其他一些對手爲了阻礙我們力爭上游，先是削減成本，後來又開始進行一些設計不怎麼優良的行銷與廣告戰略。

他們選擇了最簡單的作法，將原本該用於投資的百分之二十資金浪費在前述作爲上，最後只獲得他們原來市場占有率的十分之一。但那時，黃金女巫神奇夢想彩已經占據了市場的領先地位。

競爭對手都在等著你失手的那一刻。

當競爭對手都在等著你失手時（我就常碰到這種狀況），請不要焦慮，因爲眞正有格調的競爭對手不會這樣做。會等待你犯錯的人，大多是墨守成規的人，他們自己不敢冒險，大段的時間都在午睡。因此在你清醒的時候，他們根本無力與你抗衡。

競爭對手可能會包括了國內外的公司，他們除了等著你失控外，更可能想試著併吞你的公司。這種情況下，你需要穿上防護的盔甲，顏色如同有毒動物的表皮那樣鮮豔，從而警告或者驅走獵食者。如果你的防護盾起了作用，很快的，你的對手只能選擇和你坐下來面對面協商，最終的決定權就全在你的掌控之中了。

43

二十年前，我遭遇到了一個讓我很尷尬的場面。

某一次我以嘉賓的身分去加泰隆尼亞廣播公司（Catalan broadcasting corporation)的電視三台（TV3）錄製節目。當天討論的話題是彩票，但是到了現場，我才參加節目的另外三位嘉賓都反對任何形式的賭博，包括彩票。不可避免地，我發現自己同時受到三個人攻擊。

他們憤怒地譴責博彩業讓人們賭博成癮，於是等輪到我發言時，我立刻毫不猶豫地捍衛我的信念。我告訴他們在譴責任何事物之前，請先回家做好功課。如果他們眞的做了功課，他們就會發現主動賭博（一種本能或衝動的行爲，更容易上癮）和被動賭博（通常會經過思考）之間的差別。

同時我也闡明了彩票能幫助千百萬大眾實現夢想，而這些人是用一種健康的方式在尋求好運。那些嘉賓根本沒有意識到他們直接或間接批評著的彩票業，實際上關乎著一萬五千個家庭的生計。

沒有人能讓你覺得低人一等，除了你自己。

不管你的個人狀況如何（專業、人脈、財力等等），你永遠必須相信自己是最好的。你並不需要向任何人鞠躬，不管對方是國王還是乞丐，儘管有的時候事情看起來並不像那樣。但你依然要相信自己和別人一樣好，或甚至比他們還好。

事實上，那些值得被視爲高尚的人從來不會刻意讓你覺得你低他一等，而你更不能讓別人輕視你。不管是朋友、供應商或者任何人，你得立刻向那些輕視你的人說再見。

每天早上醒來時，你要看著鏡中的自己，不斷提醒自己是誰，新的一天會多麼美好。如果每天都這麼做，你一年三百六十五天每天出門的時候，都會充滿了成功的力量和決心。

44

而在那之後五年後，我又去參加另外一個電視節目，談的還是彩票，同時間一位數學家也被邀請到現場。

他聲稱：「想中大獎是完全沒有意義的，哪怕想中小獎也不現實，因爲中獎機率實在太低了。」

我立刻反駁他的觀點：「不管數學是如何計算，事實上是你每天都能看到成千上百人中獎的喜悅笑臉。」

實際上，在彩票與賭博的世界中，二加二不等於四，而極有可能等於一個九位數的數字。

睜開雙眼，才有看見好運的機會。

全國彩票將收入的百分之七十用於再分配，因此是獎金最高的彩票。而黃金女巫神奇夢想彩票則是每次開獎只開出一、二、三個大獎，或是無人得獎，我們是唯一能夠在一次開獎中，多次開出三個大獎的彩票商。

然而，好運屬於那些樂於敲門的人，你必須先參與才能贏得獎金。而讓好運發生的法則是，你希望它降臨。

我能舉出無數的例子說明好運是可能的，但是你首先得自己睜開眼睛看到機會。

45

十五年前，我接受了一家美食雜誌的採訪，當時我對新聞用語毫無概念，更不用說是了解記者的報導風格了。因此，當記者問到我最喜歡吃什麼時，我毫不猶豫地就回答：「麵食。」

我怎麼也沒料想到，雜誌文章的標題最後竟然是「哈維爾·加布里喜歡麵食[7]」。會使用這個標題當然是爲了引起大眾注意，然而我還是仰天大笑，因爲我從沒想到這麼簡單的一個回答都會引起如此大的騷動。

這本雜誌是鎖定特定的讀者群，流通量並不大。然而直到今天，我還是會遇到看過那篇採訪的人們告訴我，他們如何被我的話語所激勵。

把所有的榮耀都當作是奧斯卡金像獎一樣重要。

任何時候，一家公司、一個組織或一個群體想到了你——即使只是一個業餘的記者，決定在小發行量的雜誌上做你的專訪——你最好都不要拒絕接受採訪。

至少就理論而言，你也同樣需要認爲，最弱的關係也有可能幫你吸引到客戶和供應商，他們能幫你爲未來新的業務奠定基礎。最初的接觸也許並不是那麼美好，但是最終都能爲你帶來很好的機會。

如果你贏得獎項、獲得肯定，千萬別把獎盃放在餐廳的架子上沾滿灰塵。你應該把它擺在顯眼的地方，多拍幾張自己拿著獎盃的照片隨身帶著，把這張照片放在你寫的書的第一頁或者網站首頁上。如果有需要，還可以多印幾張，但永遠別讓他們褪色。

所有的認可都應該像是榮獲奧斯卡金像獎一樣，你要讓人們永遠記得你獲獎的事實，並利用它來獲取最大的利益。

7 pasta（原爲義大利字），這個詞在西班牙語當中有「麵團」的含意，但同時還有一個雙關意思，即「錢財」。

46

一九九〇年四月二十三日，我獲得了人生的第一個重要榮譽：加泰隆尼亞旅遊事務部（Government of Catalonia's Department for Tourist Affairs）頒發的精品旅遊卓越行銷獎（the Marketing Winners Award for direct tourism activity excellence）。

領獎前一週，我恰巧見了一個正在準備畢業論文的學生，「黃金女巫神奇夢想彩」就是他研究的題目。我得承認，當下我抓住了機會趁機問他行銷的概念是什麼。難以置信的是，他也不清楚行銷的確切定義。

我從事行銷工作已經十五年了，我可以毫不謙虛地說我做得很不錯。但是，我常發現行銷的理論實在太複雜也太不著邊際。儘管那位學生很費勁地爲我解釋了半天，但最後我還是沒弄懂他解釋的是什麼。

行銷就是把事情變得簡單。

許多理論的唯一目的其實是把事情弄得更複雜，而行銷（實用行銷）的目的重點則是，在不太擔心成本的前提下多賺錢。

行銷並不難，因爲它與企業的基礎設施、帳目管理，人力或者職業資源並沒有太大關係，也就是說，它和經營企業較複雜的層面關係不大。

行銷的思路應該是把所有事情都簡化到一個程度，簡單到讓人們可以像是問出：「爲什麼夏天的時候，我們不在足球場出售足球形狀的冰淇淋呢？」的問題。

47

一九九三年耶誕大抽獎即將落幕時，我決定採用了一種不一樣的形式來回報客户：顧客買彩票的時候，無論多少張，都會拿到一個裝彩票的信封。

這當然會增加我們的運營成本，但是，有什麼比讓顧客滿意更有價值呢？我用這個小小的舉動來提醒告訴顧客：你從我們這裡購買的彩票很有價值，需要好好保存。

而另外的一個好處則是，顧客們會帶著我們的信封回去，那上面寫著我們公司的名字、位址和聯繫方式。之後，更因爲此舉大受好評，我每一季都會設計值得收藏的信封樣式。回過頭來看，我覺得這是我們做過提升商業認識度與品牌忠誠度的最好活動。

客戶才是最重要的資產。

客戶很聰明，他們最看重細節。例如，他們向你買了十塊錢的東西，你賺了三塊錢，然而如果你夠聰明的話，只要返還三分錢的利潤，就能獲得他們的忠誠。

但是，這時候會計大師們肯定會怎麼說：「少賺每個客人三分錢，一年就會損失好幾百萬歐元。」這時種時候，你則需要有勇氣回答：「這是我們最好的直接投資方式，保證我們能持有最重要的資產：滿意的客戶。」

48

西班牙彩票業有個持續了兩個世紀的傳統，就是從九月中就會開始發售耶誕超級大獎的彩票。

而大約從十年前開始，爲了吸引在海邊度假的遊客，部分的彩票投注站（全國的百分之〇．三）才開始會在暑假前一個月出售彩票。但有趣的是，黃金女巫神奇夢想彩卻是一開始就從八月分開始發售。

我甚至還反覆去向馬德里的全國彩票委員會官員遊說，讓他們打破傳統，從七月一日起就提供我們彩票。這個策略讓我們從假期開始的第一天起就可以向遊客促銷彩票，那時他們的假期才剛開始，購買力很強。而不是等到假期的末尾，才紛紛發現購買力嚴重縮減，到了那時他們是不太可能花錢買彩票的。

現在許多彩票投注點也都使用這個比較合理的策略，紛紛在夏天賣彩票。事實上，現在一年四季都可以賣彩票，且不僅限於海邊的度假城市。

發現新方法比打安全牌更令人滿足。

具開拓進取精神的創業家會熱愛新鮮事物。對他們而言，姑且不論這些新途徑能爲他們帶來多少利潤，但發現新途徑所獲得的滿足，就能爲他們注入將來獲得成功的腎上腺素。走別人走過的路會讓你感到安全，但是卻也會讓你無聊到失去方向。

任何地圖或者導航系統，都會指出到達某一個目的地的若干路線，路徑會有長有短，有寬有窄，有平坦有險峻。但如果你願意跟隨自己的冒險精神，雖然一定會碰到難以經營的事業，經營的代價也很可能會超過收益，不過你始終都要記得，一旦翻越了喜馬拉雅山，心中將會感受到無比的驕傲和能量，而他們一定都能指引你找到新的道路。

49

一月六日抽獎之後的幾天（耶誕節之後第十二天，一年當中最重要的抽獎之一），一個朋友向我抱怨他沒有中任何獎項，儘管所有中獎彩票幾乎都開在他村裡唯一的酒吧。

我安慰他：「別擔心，你是好人，一定能中獎。但是你下次買彩票的時候，一定要在我們這裡買。」

次年一月六日，黃金女巫神奇夢想彩開出了一個頭獎，我那個朋友就是這個頭彩的得主。他聽從了我的建議。

如果你不開槍，就永遠打不中。

只要努力，你就能擊中自己所瞄準的目標。比如只要你將槍口瞄準陶鴿，就會有機會可以將它打個粉碎。雖然有時候即便你不開槍，它還是會破，但那並不是你所擊中，而是它自己掉下去摔碎的。

不管做什麼做事，一定都會遇到不順遂的時候。如果這種情況發生了，而且惹得你不開心，你會因此而抱怨：「眞倒楣，運氣眞是糟透了。」

但是你要理解，除非我們努力做了些什麼，不然事情本來就是會變糟的。此時唯有我們施加影響，事情才有可能會變好，變得有益處。就像是那些我們通常會怪罪到霉運頭上的情況，都會因爲我們的行動而能夠轉變爲好運。

50

有年耶誕節，黃金女巫神奇夢想彩開出了一個大獎號碼，這似乎說明運氣確實是站在我這一邊。

當時媒體紛紛都跑來索爾特採訪我，而有更多的客人也都想趕在一月六日另一個大獎開出之前過來黃金女巫買彩票。但很不巧的是，截止售票前一小時的一場大雪，把通向索爾特的道路都封死了，造成索爾特有兩天的時間對外的道路完全阻斷。

情況糟得不能再糟了，但是我立刻就找到了一個解決方法。我在網上用郵件群發了促銷資訊，如訪談、圖片和評論等等，繼續激勵客户。總而言之，暴風雪反而促使我們進行了快捷免費的促銷活動，並且吸引到新的客户。

樂觀者每晚都能看見銀河。

在人生與商業的戰場上，樂觀的精神是你迎戰時最有效的武器，它能幫助你抵擋公平或惡劣的競爭對手，讓你不管在平坦還是崎嶇的道路上都能昂首闊步。樂觀的心態，就是創業的精髓。

不管晴空還是陰霾，樂觀者每天晚上都能看到繁星閃爍的銀河。儘管我們現在正經歷經濟危機，每天也有如雪崩一般的新聞提醒我們經濟環境有多糟，但樂觀主義者依然能夠繼續前進，仰望星空。

若沒有樂觀的精神，人們會躊躕不前，競爭者會放棄努力，最後會導致自己的價值嚴重下跌。

51

一九八六年八月十日，我在索爾特的彩票投注站開張了。當時我把店命名爲「明星彩票」（Estel）。但是我很快就意識到問題所在，加泰隆尼亞有太多商家都用「明星」命名，太普通的名字沒辦法讓人們記住我們。

於是一年之後，我想到一個引人注意的名字「停車」（Stop）。因爲索爾特位於通往滑雪場的通道上，「停車」這樣的字眼也許會吸引開車的人停下來買彩票。不過這個名字也大大的失敗了，因爲很多人以爲我們是駕訓班。

直到一九九四年，我們賣出了尼諾樂透（El Nino Lottery Draw）的中獎彩票，我才正式把名字定爲「黃金女巫」。

打破所有鏡子，直到你看見自己正在尋找的倒影。

創業家是後天培養而成，並非生來就是。創業家的養成也許得耗費一生的時間，但絕不要放棄。

我的第一份工作雖然是銀行門僮，然而，我照鏡子時從未看到一個絕望的門僮。我非常努力地工作，要多勤奮就有多勤奮，直到達到現在的成就。因此當你看見自己鏡子裡的影像並感到滿意時，絕不要停止對自己做更多的要求。

因爲你和自己的形象是可以不斷再進步的，你要相信世界上有很多種鏡子。一旦有一天你不再打破鏡子時，你唯一要確定的是，那並不意味著自己已經放棄去尋找自己的影像了。

52

在營運黃金女巫的最初幾年，管理工作幾乎耗費了我所有的時間和精力。我傾盡所有、全力以赴、不眠無休，所有人都覺得我撐不了幾年的時間。

儘管當時我身邊圍繞著這些負面看法，但我的投注站仍然很快爬到業界的領導地位（撇開最初我們的投注站因爲一直沒開出大獎，而造成購買人數仍不達標準的事實）。

雖然黃金女巫花了八年的時間才終於抽到一次大獎，但這次大獎卻一口氣就爲我的客户帶來六千萬歐元的獎金。

懂得等待，才能有所成就。

加泰隆尼亞有句俗語說：「坐等會導致絕望。」但我卻覺得，不知如何等待的人，才會墮入絕望。堅持不懈的核心在於恆常，等待就是堅持不懈。

人們習慣性地焦躁不安，沒有耐性，希望事情能迅速發展。因此，只要一時看不到結果，絕望就會立即降臨。而有趣的是，那些看上去很平靜的人常常是最坐立不安的。但往往是等待的時間愈長，結果就會愈驚人。

打個比方，如果你能預測到好天氣，也應該就會知道早晚都會遇到陰雨、寒天或風暴——因爲他們都是自然的一部分。然而，如果你懂得在秋天打場、冬天修剪、春天耕種，等到夏天的好天氣到來時，無疑就會收穫辛勤的果實。

53

二十三年前，我相信自己每週能售出價值二十五萬比塞塔的彩票（超過一千五百歐元，這金額在當時相當可觀），這個數額是全國彩票委員會制定的最低額度，任何想開彩票投注站的人都得達到這個要求。

我在投入這個產業時就心懷這個目標，並且相信有朝一日一定會成爲全國最領先的彩票零售商。即便當時所有人都認爲我失去了理智，只是在空想，企圖爲一個已經存在了數百年的行業創造出新的動力。

然而，我依然認爲自己能做很多事。因爲我一直在制定新的目標，迎接新的挑戰，現在我們已經成爲西班牙絕對領先的彩票零售商，而我們在未來還會對社會有更多的回報。

天空才是唯一的極限。

想做到最好，大多數人都會選擇一直關注對手在做什麼，然而這麼做也有可能不小心就讓你誤入歧途。因爲你很有可能會因此把標準定得過低，一旦達到這個標準，你就會駐足不前了。

而如果有一天，你發現了自己原來的競爭對手實際上並不是眞正的創業家時，你過去的一切努力就會變得沒有意義。因此，想做到最好，你得一遍又一遍超越自己，天空才是你唯一的極限。

就像我，當我意識到該把自己的標準提高時，才發現自己原來已經是全國彩票業巨頭了。

五、女巫找到了黃金：突破性的時刻

一九九三、九四年交替之際，我迎接了事業上的重大轉變。一九九三年十二月三十一日，我離開了冒險運動公司。而就在六天之後，一九九四年一月六日，當天的新聞頭條就是──第一支六千萬歐元的彩票大獎由「黃金女巫彩票投注站」售出──這也示意著黃金女巫彩票投注站的黃金年代到來了。

接著一次又一次的中獎，讓我們的銷售額戲劇性增長，媒體也大量報導我們的成功。但是我也發現好運如同流星，不是所有人都知道該如何應付這稍縱即逝的運氣。

隨著事業蒸蒸日上，我很希望盡可能從中獲取最多的利潤，然而我卻選擇把利潤拿去投資。我創建了黃金女巫的網站www.labruixador.es，奠定了日後向全世界推廣我們品牌的基礎。

我的品牌依然叫「黃金女巫」，但我的夢想沒有邊界：我希望黃金女巫有朝一日會變成「白金女巫」。截至目前，全世界各地已經有一千萬名客戶購買我出售的彩票產品。

54

一九九四年一月六日，第一筆六千萬歐元的巨額大獎在黃金女巫開出。更有意思的是，如果是早在兩個月前就開出大獎的話，我在冒險運動公司的許多合作夥伴與同事就可以在一夜之間變身千萬富翁，因爲贏得六千萬歐元的號碼正與當初我們中獎的號碼相同，只不過開獎的時間地點不同讓一切也有了改變。

然而，幸運女神決定我們的幸運日是一月六日，就在我因爲不滿在冒險運動公司所受的待遇而離開之後幾天。有趣的是，那些置我於不顧的人錯過了得大獎的號碼和機會。這是巧合嗎？

運氣，是你過去所作所為的總結。

你過去做過的每件事就像回力鏢一樣，最後都會回到你的面前。也就是說：種瓜得瓜，種豆得豆。因此，你每走一步都要想到這一點，因爲你的未來就建築在你的過去之上。

並沒有所謂的「運氣」這樣的東西，眞正存在的是你努力所種下的善業，通過這善業，你便能譜寫出自己的詩篇和未來。只有爲自己找藉口的人才會把失敗歸因於糟糕的運氣，但實際上只是他們沒有能力吸引好運。好運確實存在，只要你努力工作便觸手可及。

55

當媒體宣布我們第一次得到大獎時，黃金女巫引起了國外媒體的注意。黃金女巫的形象大幅出現在包括《星期日時報》（Sunday Times）等等的國外各大報章雜誌中。

一年之後，我便決定成立自己的網站，提高我們在國際市場的知名度。那是黃金女巫的首個網站（此後，我陸續共架設了九個網站），這也是西班牙首批企業網站之一。

漸漸地，黃金女巫網站成爲商業運作的核心工具，它不僅大大地提高了銷售額，也改善了我們和客户的溝通效率。多虧網路，我看到我的西班牙同胞在德國、日本、肯雅等國，還能通過我們的網站購買樂透彩票和足彩。

不要害怕自己變得巨大。

你所做的一切，都不能只局限在自己的小城、地區或國家。如果你希望自己可以走得更遠，就要盡全力去達成，這樣當你有天走在實現目標的中途時，發現已經離開出發地很遠了，就會有繼續往前走直到抵達目的地的動力。

不要害怕飛得高。只有飛到高空才能有機會看到最美的景觀，就如同你從望遠鏡中看到的一樣。

56

黃金女巫網站是西班牙最早啓用的一萬個網站之一，到現在西班牙已經有高達一千四百萬個網站了。當時我不需做太多投資，就能成爲最先啓用網站的企業，而要不是有了網站，如今所達到的所有成績就不可能發生，這些成就都不是我花再多力氣或投資再多錢所能達到。

這一切都是因爲黃金女巫網站是率先採用電子商務的前鋒企業之一，那些決定跟隨我們腳步的企業，在架設網站時都是以我們的網站爲參考樣板。而我現在更加積極地投入使用最新的資源，並投資最新的技術和功能，以確保黃金女巫網站隨時都能觸及世界的各個角落。

你無法改變過去，只能寄望未來。

我們常常會忍不住回顧人生，爲了過去的失敗而懲罰自己。但這其實完全是在浪費時間，因爲覆水難收，你根本改變不了過去。

我們需要做的只是將過去看作是一種經歷，會對未來帶來必要和積極的影響，因爲過去可以爲將來的事業打下基礎。如果你眞的渴望未來，必會更加珍惜現在。

57

自黃金女巫進入網路世界以後，我才發覺了競爭的眞正意義。網際網路上有各種網站和虛擬店鋪，不受店面實際大小限制，因此博彩業的競爭對手變得難以計算，有些很強大，例如一些國際化企業。

但儘管如此，仍有些企業會邀請我們去造訪他們的網站，甚至和我們洽談合作。而且雖然黃金女巫不是上市公司，但也會收到各種大型提案。我們所擁有的聲望、資料資源和世界各地忠誠的客户群，是我們的競爭對手最爲羨慕的資產。這些競爭對手若想達到我們的水準，每年得花上數百萬歐元以及很長一段時間才行。

競爭對手不是眼中釘，而是激勵的來源。

有時，我們面臨的競爭對手不僅比我們強，甚至也會比我們具備更多的人脈和目標客戶。但換個方向思考，小企業或個人的優勢便是在於運作起來有更多的空間，也能更快地調整策略。

眞正渴望成長的商人、創業家和個人，都不會因競爭對手感到困擾。事實上，他們得不斷激勵自己，因爲對手們總是想超過自己。

以自行車賽爲例，一般領先方陣裡最後只會剩下約有四到六名爲了贏得比賽，而彼此競爭的賽手。爲了率先衝過終點線的最終目標，他們多只會採用單一策略：用頭腦去比賽，並將個人技巧運用於比賽當中。如果沒有競爭對手，根本沒有爭先的動力。

58

當我發現網際網路能爲彩票業提供巨大潛力的那一刻，便立即著手發掘各種可能。換言之，我必須建立一個完善的網站，保障客户能通過電郵或網站購買彩票，不僅得採用友善使用者的付款介面，還要確保購買者拿到他們購買的全數彩票。

然而，規範西班牙彩票業二百年老舊且毫無彈性的規定，在過去五十年來絲毫不曾做過任何調整。一直到新的執行經理接掌了彩票業的管理機構後，才終於能夠加速網上零售的過程。我們必須耗盡全力勤奮工作，才能爭取到所能被授予的任何特許。

不可能，意味著有意思。

當人們說一件計畫不可能達成時，我就會自然地覺得那個計畫很有意思。爲什麼會這樣呢？一切都和動力有關。

一位眞正的創業家都會明白，如果沒有努力和犧牲，就不能完成任何事情。因此，當大多數人覺得一件事情太麻煩就不要做了時，我卻會把麻煩看作是獨一無二的機會：大多數人都拒絕做的事情，你卻可以一力擔當。

這不是爲了避免競爭（競爭其實是創業家的動力），而是爲了努力投入那些位在我們舒適範圍之外的項目。

59

十五年前的某一天，當我在前三季將主要的大獎彩票銷售給客戶後，卻發現了自己面臨進退兩難的境地。

在一九九四年一月六日，我賣出了尼諾彩票頭獎；到了二〇〇一年，則賣出了耶誕彩票的三獎和五獎，而如此亮眼的成績使得黃金女巫的銷售額大幅增加，也帶來了不少利潤。但這時，我卻考慮是否將資金用於再投資。

雖然我知道自己的資本會因再投資而減少，但是直到今天我仍享受著那次決定的成果。

害怕失去的結果，就是收穫跟著減少。

不冒險，你就永遠無法得到可觀的利潤。若是你表現不佳，人們會說你是個不負責任的人，但是真相卻是，任何企業都需要勇氣，無一例外。恐懼雖然可能出自謹慎和責任感，但是我不明白一個有責任或謹慎的人在面對冒險時，有什麼好害怕的？

股票市場就是最明顯的例子，當恐懼控制了人心，市場就會充斥著投機買賣，然而真正決定性的影響其實在於低估的資產。屆時，只想贏的人有時反而會輸，而敢於冒險的人常常得勝。就像是最近使得全球金融危機加劇的，是恐慌而非恐懼。

冒險者知道該如何解讀過度的恐懼，並且在理想的時間投資，購入資產與房產等等，俗話說：「不入虎穴，焉得虎子。」

60

某天，黃金女巫賣出了一個大獎號碼，而獲獎者進入了一種「支票控」（checking）的狀態。意即是：突然間，這個人經歷到他從未經歷過的一種情形，他擁有了一本銀行全力擔保的支票本。

因此，他的態度一夜轉變，周圍的一切看起來都那麼光彩四射，他開始相信沒有自己不能做的事情。財富迷惑了他的雙眼，使得他無法心懷謙卑地享受大獎帶來的愉悅。最後，那人花完了所有錢，支票本也用光了，但東買西買來的物品卻全都毫無價值。

把機會變成好運，才能打開成功的大門。

我簡單統計過，百分之六十五在黃金女巫買了彩票中大獎的人，在變成千萬富翁之後，並沒有成功地把這個機會變成「好運」。因爲想要最充分地安排這突如其來的財富，就得擁有許多常識才行，金錢是反覆無常、脆弱易碎的東西，會像流過指縫的水一樣容易消失。

應該把財富看作是辛苦工作、聰明投資，和敢於冒險的成果才對。我常把輕易到手的錢比比喻成一把金鑰：如果你想強行用這把鑰匙打開機會之門，鑰匙就會折斷，變成廢物；更糟的是，你可能還會毀掉門鎖。

天外飛來的金鑰是脆弱的，你要聰明地使用它，以便得到其他十把堅固的鐵鑰。

61

某個星期一早上，一位老先生來到我的彩票投注站，他告訴我自己剛中了三千萬。但他的態度卻彷彿就像是中獎這件事令他困擾，而他根本沒空把心思花在這件事上似的。

我以為自己已經見識過中獎人各式各樣的反應了，但是這位七十五歲的老先生的消極態度還是讓我很驚訝。和他聊過之後，我才發現了問題所在：他生氣這筆錢太晚出現在他的生命中了。

但是，我又跟他聊了幾分鐘之後，他突然想到了運用這筆錢的一個方法。事實上，是三個：他可以為他的三個孫子各買一層公寓。突然間，他的眼睛裡閃爍著光芒，歡樂寫滿了他的臉。當他離開店裡的時候，看起來已經像是一個剛中了獎的人了。

真心渴望好運降臨的人，才能得到好運。

追尋好運的人需要心態開放樂觀，也要有足夠的耐心等待機遇才行。因此一旦機會出現了，就可以立刻發現並且牢牢抓住。「好運」指的並不是你能中獎，而是無論在何種情況下都能把握住運氣。

當然也有從來不追求好運的人，他們甚至還會想盡一切辦法不讓別人找到好運。但如果你想要有好運氣，就必須明白，好運不是說有就有，運氣是來自一個人的努力耕耘。這點就是那些眞正幸運的人和從來不尋找運氣的人之間的區別。

不努力尋找好運的人，只能假裝在享受好運，因爲他們相信好運會憑空降臨。

62

十年前某天，一間酒吧的合夥人向我買了彩票，結果中了一百二十萬歐元。儘管當時他才剛擺脫窮困，但態度卻絲毫不謙卑。他甚至指控鄰居偷了他的彩票。

這樣的態度當然讓他四處樹敵。他的貪婪沒有極限，甚至有天還衝進我的店裡要求給他彩票代銷費。凡事都不能太過頭。結果到了最後，他又變得一名不文，甚至比中獎之前還窮。

成功最好的方法，就是從他人錯誤中汲取教訓。

金錢並不會帶來幸福，金錢也不能改變人的性格。

有些人就算面前有機會也把握不住，更別說從這些機會中學習。事實上，絕大多數的人反而都會落入貪婪的陷阱。

學習把他人做對的事做得更好，我們就能免於犯他人犯過的錯誤。這樣我們不僅節省了金錢，更重要的是能擁有聰明行事的平和之心。

63

我還有另外一個同樣以一張彩票，便得到高額獎金客户的故事。當時他決定用贏來的錢開設建設公司，而這個計畫徹底失敗了。

最後他一棟房子也沒有賣出去，資金很快就告罄。他燒光錢的速度，幾乎就和他中獎的時間差不多快。有些人總等不及要證明他們的「運氣不好」。

好運就像流星，稍縱即逝。

我們怎麼能說一個能中獎的人「運氣不好」呢?也許眞相是，他們用注定要用失敗的投資來擊敗幸運之星。

當好運降臨時，我們依舊要辛勤工作，因爲運氣轉瞬即逝，它很可能在一秒鐘之內來了又走。所以都更要常保警惕、堅定之心，不能因爲運氣好就隨便揮霍。否則運氣來得快，去得也快，會讓你措手不及。

64

每年耶誕節大獎開獎前的幾個星期，也就是彩票銷售活動最如火如荼的時候，黃金女巫門口經常都是顧客大排長龍的景象。

一天，一位在十分鐘前剛買了一張彩票的女士突然怒氣沖沖地衝進了我店裡，她說：「我們找錯了錢。」我先是問她在幾號窗口買彩票，然後把她帶到了我的辦公室。

我語氣平和地告訴她，店裡裝有攝影機，會錄下所有彩票交易過程，我們會查證她在購買彩票時是否眞有找錯錢，請她放心。接著，她便安靜地離開了辦公室。十分鐘後，當我要找她回來看錄影的時候，她人已經不見了。

信任一旦不再增長，就等於減少。

全球知名的公司每年都會花費數千萬元的廣告費，以期可以建立品牌信任度，而非是品牌形象。

因此，無時無刻使用各種方法去確保客戶的信任度，是有其存在的道理，「信任」可以說是所有企業存在的理由。沒有了信譽的公司，就會像是離開了土壤的植物。

65

某個星期一早晨，我才剛到店裡不到十分鐘就接到了一通電話，電話那頭是一對來自西班牙塔拉戈納（Tarragona）的夫婦。他們告訴我，今天早上他們出門上班後，房子就遭到小偷。小偷拿走了所有值錢的東西：電視、DVD、珠寶等等，他們嚇壞了。

我想讓他們心情好一點，因此便對他們說：「你們去請親朋好友吃飯吧！」我還說，這頓飯最少要花一萬塊才行。

雖然我看不到他們的表情，但是我卻可以感受到他們聽到我這幾句話時的驚訝反應。若干天之後，他們又來電告訴我，保險公司願意理賠他們所有損失，也很慶幸自己在小偷入室行竊時不在家。而日後，當我們再聊到這件事時也都能一笑置之。

快樂是無人能繼承的最好遺產。

你必須想辦法尋找自己的快樂才行。快樂不需要仰賴於工作、家人、金錢，或任何事。因此當有任何壞事發生時，不管是工作還是財務上的，我都會敞開胸懷擁抱困難。

一旦我們可以改變自己對事物的看法時，問題也就會跟著變得沒有那麼嚴重。因爲，我們是在爲自己最珍貴的遺產——快樂——保留了位置。

66

就在某一個星期六晚上，我一如往常去巴賽隆納的一家知名的餐廳吃飯時，突然間，感受到了眾人的注目眼光。在那個時候，我還不習慣在公共場合被認出來的感覺。

當時，餐廳裡有人認出了我，他們不僅走到我面前和我說話，甚至還拿出相機拍照。而事後當我看到自己在閃光燈下的表現時，自己也感到驚奇，我從沒想到我在那一刻會變成餐廳裡最自然、最謙卑的人。因爲照片裡我臉上的表情正說明了這一點。

不要成為成功腳下的受害者。

一個人想成功的話，就必須適時犧牲與謙卑地接受一些狀況，並且不把他人視爲極其重要的事情想得如此嚴重。

淪爲成功腳下的受害者是最糟糕的事。如果你已經到達成功的上限，並且不想再進一步努力，你很快會被成功蒙蔽雙眼，最終一敗塗地。如果你允許成功遮蔽自己的雙眼，就等於已經與成功無緣。

67

有天晚上，正當我要走進一家高檔餐廳時，突然間一位看似飯店老闆的男子出現在我面前，他充滿熱忱地和我打招呼，並向我表示很高興我到他的餐館用餐，對我非常友善。

此時，正好有兩個侍者經過我身邊時，我也向他們打招呼，其中一位侍者認出了我，立刻對我微笑。因此我停下來和他了說話，此時，沒想到飯店老闆卻突然不再和氣了。他一下就抓住我的胳膊，硬將我拖離那名侍者。但在跟著那位老闆走開之前，我依然向仍在注視著我的侍者眨了眨眼睛。

品格偉大的人不會以輕蔑態度對待他人。

成功的時候，每個人都會覺得自己強大有力、無人能敵，但千萬別犯以下這樣的錯：別用不屑一顧的態度對待他人，或者感覺自己高人一等。

就算是最有權勢的人也需要一般人的幫助，因爲強弱是互補的。因此，當你發現自己有可能在踐踏他人之時，你要提醒自己，其實你更需要他們，而不是他們需要你。

68

就在黃金女巫持續創造歷史，以及販售贏得大獎的彩券給世界各地的顧客時，我卻在二〇〇二年七月二十五日那一天接獲了這樣的消息：西班牙國內税務局提出不滿，要對我們向國外客户線上販售的營運進行調查。

我簡直無法置信，我心裡想，税務局一定是腦子不清楚了。否則，還有什麼理由能夠解釋他們拚命追查全省付最多税額的公司的行徑呢？

事實上，黃金女巫所付的税額比萊里達省境內所有大公司所付的總税額還要高。不過，很明顯地，如今這點成了觸法的事情，他們所持的理由是我們不得在海外販售彩券。

在法律上的確如此陳述，但那是自從一八二〇年之後就再也沒有修改過的法令。而當然，這條法令也並沒有關於線上零售方式的明確解説。最後，他們做出了理智的判斷，讓我們繼續在網路上營運。

而更好的事情是，多虧了税務部，我們獲得了許多媒體關注，爲我們免費宣傳，這讓我們變得更受歡迎。

跌倒後站起來不算失敗，而是成功的第一步。

要做出決定並不容易，但如果我們已經決定要去做某一件事情時，就必須相信那是眞正會成功的事。當然，其結果往往很有可能是會很快就遭遇到難題，最後碰壁跌倒而告終。

雖然成功並不是光靠想要成功的心態就能達成，但成功的態度卻會讓人擁有跌倒後再站起來的力量，以及持續努力的意志。

69

就在我揮別冒險運動八年之後，我明白了一件事：冒險活動的生意已經大幅地趨緩。

新的活動項目少有創新與實行，即使是像高空彈跳那些原先已經存在的成功活動也在衰退，不僅設備廢棄停用，就連推廣活動也都不再有，更不用說遊客人數也因爲冒險運動的事業狀態而銳減。

於是我想起，在掌管公司這方面我做得應該還不差。而在我的後見之明中，我也明白了自己對於在彩券業的全職付出與表現，其實也顯少有疑慮——我們賣出去的彩券爲客户贏得價值九億歐元的獎金，而且我們已經成爲全國零售彩券業的龍頭。

對成功後知後覺，才會讓你的頭腦保持冷靜。

在我成為創業者的二十五年之間，有件相當幸運的事，就是我一直到很久、很久以後才發現自己可以獲得什麼樣的成就。我必須先花上個十年、二十年，或是二十五年的時間才能了解到，自己能真正做到什麼樣的地步，而不去理會我在這段時間進程當中已經獲得的諸多獎勵、認可或是獎賞。

因此我也了解到，如果你在認知到自己的成就之前，先不去理會時間，將會有助你保持頭腦清晰鎮定。

六、黃金女巫摘到頭彩：好運的秘訣

全力經營彩票事業多年後，我學習到好運不是憑空而降，而是必須依靠自己的努力來獲得運氣。

我學到的第一件事情是，如果你想傳達一個訊息，你就得最先相信它。我將這點謹記於心，無時無刻都在創新，並重新創造著這有百年歷史的造夢事業。

我總是把客戶放在心上，客戶是事業發展的眞正動力之源。我試著隨時保有洞察世事的眼力，也深刻明白最好的想法並不會莫名從天上落在我頭上。也就是說，不努力就什麼事也不會發生。

一路走來，我的內心充滿了夢想，口袋裡裝滿了樂觀，好確保夢想能夠成眞。

70

在高山之巔、白雲之下，住著一對巫師和女巫，而他們的小女兒剛過完一百五十歲生日。按照傳統，到了這個年紀的女巫就得離開父母，建立自己的家，度過以後的生活。

她的新居必須符合兩個條件：一、坐落在小河或者湖泊之畔；二，附近有小村莊，如此她便可以照顧那裡的人們，並和小孩子們玩耍。於是，她的父親智慧巫師給了她一件禮物，送她踏上旅程：「拿好這個魔法金塵。這種神奇的粉末會給擁有它的人帶來好運。從今以後妳就叫『黃金女巫』，也叫『好運女巫』。」

然而，由於黃金女巫年紀還小，沒什麼掃帚飛行經驗，因此直接墜落到地球上，最後降落在庇里牛斯山中。不久，她遇到一個小男孩，小男孩告訴她，她掉落的地方叫索爾特。

小男孩又說：「對於一個好運很久沒降臨的地方來說，這地名可不算是最好的地名。」

黃金女巫立刻就感覺到她可以幫助這裡的人們，於是馬不停蹄展開工作。神奇的魔法金塵給小鎮帶來財富，黃金女巫在河邊建造了新家，在那裡她可以幫助人們，和小孩子們玩耍，並滿心嚮往著未來的種種探險8。

愈會說故事，就會愈成功。

人們，亦即消費者的潛意識裡，常住著一個小孩，這也表示每個人都喜歡聽動人的故事。客戶的眼睛都是雪亮的，只要你能創造出一個能帶他們進入魔法般的迷人世界，你就能賦予你原本了無生氣的品牌新生命。

你會創出一個將成為神話的故事，讓你的品牌顯得與眾不同，如此人們就會記得你是誰。廣告，是買賣行為的媒介。

8 故事出自《神奇魔法女巫》（the tale Magic Dreams Witch）。

71

一九九四年售出尼諾大獎的頭獎彩票後，我認爲正是做投資的好時機，並且可以善加利用我們在媒體的高漲人氣。

因此，我和一位好友展開了冒險，一起設計製作了帶有黃金女巫標識的玻璃罐，這樣一來客户就能用別緻的容器來裝自己的彩票。還會有比幸運罐更適合裝彩票的容器嗎？唯一的問題在於，我們完全不知道到底需要做製作多少罐子才能滿足需求。

一開始我們決定三萬個大概就夠了，儘管我們都知道這應該遠超過我們確實需要的數目，眞實大概只要五千個就綽綽有餘。但我們還是商量好花掉這項投資的所有錢以後，就要好好大吃一頓來慶祝。

兩年後，我和這個朋友再度攜手合作，但這次不是罐子，而是收藏版的信封。只要顧客每次來我這裡購買彩票時，就能同時得到設計精美的信封。到了現在，不時都會有客人前來詢問，是否還有沒有以前的信封，這樣他們可以把一套集全。

知道如何失敗的人，才會知道如何成功。

每個人都或多或少想要成功，也或多或少不願意失敗。如果說我這些年來有學到什麼的話，其中一個重要的關鍵就是——如果你不先學會失敗，就不會成功。

失敗會帶給你經驗，然後考驗你的樂觀態度。沒有這些寶貴的經驗，成功之門也只會打開一半。因為，如果你有牢不可破的樂觀心態，就能如得魔法相助一般，找到快捷、有效和能夠負擔的解決方法，跟著去實現你以前覺得不可能實現的目標。

72

國家彩票在西班牙已經有二百年的歷史，是西班牙文化不可分割的一部分。彩票深植於西班牙文化的程度，沒有其他國家能比。然而，大部分國家彩票的管理規定卻是自一八二〇年後就沒有修訂過。

因此，當八〇年代我開始涉足彩票行業之後，便開始仔細思考法律上的限制。禁止在國外發售彩票究竟理由何在？那爲什麼外國人在西班牙國內的投注站買彩票就不違法？爲了回答這些問題，我在一九九五年啓動了黃金女巫的第一個網站。

那時西班牙彩票管理委員會根本沒想過，網站上能夠成功出售彩票。黃金女巫的線上銷售幾乎是立即就獲得了巨大的成功，公眾的接受度也相當高，而無論是社會影響力、品牌識別和營業額等方面的成功，也使得黃金女巫快速成爲西班牙最成功的網站。

然而，此時稅務局卻威脅要關掉網站，要我們在二十一世紀到來之前停止在網上售給外國人彩票。然而，法律上的矛盾（這個法律上的不完善仍存在著）及時拯救了我們的事業。

明白所有的規則，但至少要打破一個。

你要明白世界的規則，但也要在確切的時機運用新的方法去做事，走別人沒走過的路。如果只按照規則辦事，你一定只會到達其他人也能到達的目的地。

如果可以走捷徑，把某樣東西賣給任何想買它的人的話，請不要猶豫，因爲以終極的遊戲規則來說，目的就是要把產品賣給顧客，就這麼簡單而已。

73

十八世紀時，印度事務理事會會長西里亞科．岡薩雷斯．卡拉瓦哈爾（Ciriaco Gonzalez Carvajal）向當時的加的斯國會（Parliament of Cadiz）提交了一份雄心勃勃的提案，建議採用一種不增加納稅人負擔卻提高政府收入的方法，亦即「全國彩票計畫」。

提案一公布就得到良好回響，國會一七八一年以僅一票反對的結果通過了議案。當時官員們就已經意識到彩票所可能帶來的機會，亦即現今稅務局的主要直接收入多來自於彩票。

然而，我卻始終覺得國家的財政稅收部門還可以做得更好。試想一間公司成立之後，營業初始投資額的百分之十三都被強制指定做爲採購用途（更正確來說，是做爲投資用途），這就意味著稅收部門至少能拿到企業投入資本的百分之三十，而剩下的百分之七十則歸於個體或企業。

這樣一來，我們每年就會有更多的資金增長，利益再分配，科技升級和創新等等，而不再是破產。遺憾的是，二十一世紀的部長們還不夠機敏，無法看到這個邏輯。

裹足不前的人害怕的其實是自己。

裹足不前的人，其實是因爲自己心存恐懼使然，他們害怕挫折和失敗，也害怕成功。

但太謹愼只能讓人凡事穩妥，而你更要知道的是，不管現在或未來都會一直存在的狀況是：生活成本每年都會提高。停滯不前很容易，但是一旦停下來，就等於是向所有的可能，以及你或許能夠創造出的一切告別。

74

早在一百多年前，西班牙就制定了買賣彩票中獎注數均分一事，但當我二十四年前進入彩票業時，一張彩票卻通常最多只賣兩、三歐元，而國家彩票中心和各地彩票銷售點都傾向定這個的價格。一直到黃金女巫發動宣傳活動，才說服了客户購買五歐元一張的彩票。

這目標雖然過了好些時間才實現，但最後仍爲國家彩票中心和各地彩票銷售點帶來雙贏的局面。顧客數量不變，但國家彩票的收入卻增加了，彩票銷售商的利潤也增加了。

無論做什麼事都要勇於與眾不同。

跟隨他人的腳步沒辦法讓你脫穎而出。我常常拿雞蛋做比喻：人人都喜歡吃雞蛋，因爲雞蛋不僅容易取得，要吃的時候只要打破蛋殼便很快就能做出煎蛋捲。

可是，我卻更喜歡用鴕鳥蛋做材料。想要把鴕鳥蛋的蛋殼打破沒那麼容易，但只要打破了，每個人就都會羨慕我，因爲一顆鴕鳥蛋就可以做三十份煎蛋捲。

75

幾年前我在做行銷規畫時，決定用掃帚來強化黃金女巫的品牌形象。我得承認這是非常瘋狂的想法，但我當時一心想著的是希望客户能夠一眼就認出是魔法夢想女巫彩票，並且帶回家。

我一開始會擔心人們不會注意到那支只有二十公分高、毫無實際用途的小掃帚。而我們當然也不能用眞的掃帚，首先是成本太高，其次則是人們會把掃帚和沒人喜歡做的家務事聯想在一起，人們潛意識裡其實都是輕視掃帚。

於是，我只得回到一開始的想法——用裝飾華美的小掃帚，上面有公司的標幟，設計精巧獨特——而這個一開始很瘋狂的想法，最後變成向全世界賣出了成千上萬的小掃帚。

好點子靠方法，而非靠金錢。

我聽過這樣的說法：「一個想法再好，若沒有資金的支持是不會有成功的。」但我卻總是說：「一個想法只要牽扯到金錢，就會變得毫無價值。」因爲，金錢會給人們帶來安全感，有了錢之後，人們執行計畫時就會非常匆促，不會花時間把事情做對。然而，若手邊沒錢，你就必須把自己的想法調整到最周嚴，評估優勢、困難和可能性。

人們會很容易就認爲自己的想法很棒，但想把好的想法表達出來並符合大眾的需要，其實並不容易。因此，如果你不時時對原有的想法做出必要調整的話，用在某處能成功的想法，拿到別處使用也許就會帶來失敗。

76

某個星期五早晨，當我在彩票投注站裡讀電子郵件時，看到了一封來自巴利亞多利德（Valladolid）的信件。來信的是一位男士，他非常客氣地問我能否把產品更新的內容或通知也一併寄發給他，因爲他是我們多年的老顧客了。

我立即就到資料庫查了他的資料，他的確是黃金女巫的老顧客。其實他有權生氣，因爲很顯然他的註冊資訊被我們刪掉了，但他的電子信箱還在我們的群組清單裡，同時也仍在黃金女巫客户的所有郵件寄送清單中。

我趕緊向他道歉，並告訴他我們會立刻修正錯誤。也因爲這件事，讓我發現電腦系統極該升級了，我立即就找來技術支援，保障系統能正常使用。

人都會犯錯，最好的對策就是找到問題所在。

如果有人犯錯了，就代表這個人正在嘗試做一件事。因爲，從不犯錯的人事實上是從來都沒在從事些什麼。沒有人不會做錯事，所以在實現目標的過程中，每個人都有犯錯的權利和需要。

同樣，我們也不能因爲某個錯誤過分自責，因爲有時問題是出在他人。比如你有個很好的創意，但是你的供應商或合作夥伴卻沒能恰當地執行。此時你必須堅持下去，繼續力爭，必要之時也得找到能幫你把事辦好的供應商。你的團隊中有人失敗，並不代表是你犯了錯。你必須肯定自己，肯定自己的想法是好的。

77

某天早上，當我走到彩票投注站時，看到了至少有三十輛重機停在店門口。這個場景很吸睛，一群戴著頭盔、穿著夾克的摩托車手聚集在黃金女巫門口。我從來沒想過死硬派的重機迷也會買彩票。

自那以後，我每次都會確保我們出售的彩票裡有〇一・一〇〇、〇一・二〇〇、〇〇・八五〇這些數字。如此一來，重機迷們就會願意大老遠騎車到我的店裡來購買號碼和他們的氣缸排量大小相同的彩票。

做你想做的，你的心就會幫助你去成就它。

若你真心希望自己的事業能成長，並且把產品賣給顧客，你就會找到對的方法來達成願望。重要的並不是你達到你想要的結果，而是你想達成的意願。

不管一開始你有多麼一籌莫展，但唯有如此才能給你找到解決方案的力量。不論你想做些什麼，關鍵都在於不停思考能夠往前進的辦法。

78

三年前，我有機會參加了爲期兩個月的經理人集訓課程。有一天，我們做了一個小實驗：看一張圖幾秒鐘，然後閉上眼睛。之後，所有人都說他們看到了一個女孩，只有我說我看到的是一個八十五歲的老奶奶。當時每個人都笑我。

後來大家持續討論女孩的年齡是十六歲、十八歲，還是二十歲。終於到了那堂課結束，老師才告訴我們，這張圖可以用不同的方式詮釋，端看你從哪個視角去看。

傾聽內在的聲音會幫助你找到真相。

不論做什麼事，我們都得有意識或無意識地往前邁進，而這也會幫助我們把事情看得清楚。

我可以用樹來做個比喻，用它來看待我們所做的許多或多數決定，或甚至是所有決定。至少我就是這麼做的。正是因爲如此，我相信樹是神聖的。我並不確定自己是否能聽到樹所說的話，但我確實會連續數小時試著去傾聽他們的聲音，有時確實也會覺得他們正在對我說話。

如果你也有過相同的經驗，你就會發現眞相就如同種樹一樣。樹最初成長的目的不在受到人們仰慕，而是要在最佳的情況下扎根在最適合的土壤。

如果你願意在多數人忽略的事情上做投資，比如樹根（大部分的人都寧願把錢用在花朵上），這棵樹就會長得又高又壯。你一旦做了這樣的投資，你的樹就會開花結果，到了夏天爲人提供乘涼的樹蔭，也會長得比周圍的樹都要高。

79

兩年前的三月初，我去參觀了巴賽隆納食品展，那是全球最先進的食品和營養品展銷會。但到了之後，我忽然不明白自己爲什麼會開二百五十公里的路來看一個與我的工作領域毫不相干的東西。

於是我漫無目的在各個展區轉，東看西看有哪些展品。我看到好幾個小攤子上擺著西班牙傳統食物牛軋糖，並且深受吸引。幾分鐘後，我和賣牛軋糖的人討論起西班牙兩大耶誕節傳統象徵——牛軋糖和彩票——之間的關聯。這個的意外收穫不僅促生了之後包括牛軋糖在內的一系列商品推廣活動，還引導我進入了一個新的領域：葡萄酒、卡瓦氣泡酒和巧克力。

我離開了食品展銷會，心想第二天我要帶著一盒名片和宣傳文件來會場。到了第二年，我在食品展銷會上得到的靈感讓我賣出了幾千種產品，並提高了黃金女巫品牌的知名度。

最好的想法通常不是在辦公桌上想出來的。

一個常規的工作地點未必有利於創造力，也不能激發新鮮的思想。旅行是激發非凡創意的最好途徑，其次是散步，再來是閱讀、聆聽。如果這一切都不管用，那麼你就必須認眞觀察別人是怎麼做的。

不要總是坐在自己的旋轉座椅裡，盯著電腦或者整理桌上的檔案，要多做上述的建議。每天激發活化你的五感，總有一天他們會在你沒有發現的情況下爲你帶來靈感。

80

一年前，我訂製了一些黃金女巫專用信封。幾個星期之後，供應商把第一批信封送過來了，我立即就注意到顏色沒有原來所希望的鮮豔。更糟的是，紙張只要一碰就皺。

這批信封的品質太糟了，差得難以想像。於是我立刻取消剩下的訂單，改訂其他的。重新訂製信封當然會讓我有所損失，但若是買來一百萬個封劣質信封卻會讓我的損失加倍慘重。同時間，我也立刻找了一個新的供應商。

失敗是重新開始的好機會。

找便宜的供應商買東西常常會代價慘重，也許還會讓你得重頭開始，把做過的事都再重新做一遍。如果發生這種情形，最好的辦法是立刻調整，接受損失，選擇一個新的供應商。

改正並接受損失是向前看與成功的第一步。在執行我所做過的所有專案時，我總是很幸運地能夠犯錯、失敗，然後重新再來過。雖然有時失敗是很嚴重的打擊，然而，如果接受失敗是不可避免的事的話，你仍要繼續前進，最後總能獲得你想要的結果。

81

某一年，黃金女巫出售的西班牙國家彩票、足彩和歐洲百萬彩票等等下注彩票成績，和普通彩票相比沒有那麼亮眼。下注彩票的銷量非常有限，顯然是因爲我們不可能在只有一千五百人的小鎮賣出一千五百張足球彩票。而這個前景看起來不是很鼓舞人心。

但即使如此，我們仍舊在同年三月發行的歷史上最大宗的「歐洲百萬彩」單筆投注，並號招了五千名客户同時下注同一個號碼，以五萬歐元投注金創下金氏世界紀錄。

當時我們在下注彩票銷售的排名是四千二百二十五名。現在，組織五千人下注僅十三個月後，我們的排名已躍升爲全國第二。

樂觀主義者會準備一旦沉船，就下水游泳。

如果你是樂觀主義者，就能堅強自己的信心。因此，當遭遇艱難的狀況時，就算你深深陷入困境，你也能憑一己之力擺脫困難。

也就是當我們處於大水之中，身邊無可憑藉時，我們仍會努力游泳。然而，如果水深不及膝蓋，我們反而會很難能以堅定穩健之姿，涉水邁向目標。

82

好天氣常常讓黃金女巫彩票投注站前長隊如龍，尤其是耶誕大獎的促銷活動正好從夏季開始，因此更是吸引了許多人到黃金女巫來。有時隊伍還要排到鎮上最後的一棟房子的後面。

因此，大多數來買彩票的人都不得不花上好幾小時排隊。然而，在黃金女巫門前排隊並不像看牙醫時那樣等著叫號，你永遠不知道黃金女巫的門前會發生什麼事：可能會突然有一隊女巫出現在你面前，用她們的魔法金粉幫你吸納好運；或者，會有來自遠方的精靈會聽你許願。

因此，等候的時間就會像是施了魔法一般飛逝，人們覺得自己好像只排了幾十分鐘而不是好幾個小時的隊。當他們離開時，你會看到他們臉上的笑容，因爲他們度了一段愉快的時光，儘管此時他們都還沒有贏到什麼獎項。

讓人們喜歡等待，就表示已經成功了。

和常規的想法相反，公司門外的隊伍愈長，就代表你把業務管理得愈好。因此你得盡全力讓門外的隊伍排得更長，不管是在街上還是網路上。但是，當你看到公司門外有很多人時，可不能鬆懈下來，事實上你反而應該要很緊張，因爲人們並不喜歡等待。

打從人們開始在黃金女巫排隊起，我就再也沒去度過假，連二週的假也沒休過。因爲，假期愈是長，排隊的隊伍也就愈長，工作也會跟著愈多。也托由於門外的隊很長的緣故，我比以前健康多了，因爲我不僅沒空也不需要休病假。

我常常在思考，我們每天花那麼多時間和金錢購買產品，卻常常拿不回任何東西。然而，當我每天在這裡看到我的客戶離開投注站時，都確信他們一定會再回來。

83

我總盡力照顧在我投注站門外排隊的客户，和他們溝通，並且盡可能不靠問卷調查或訪談來了解他們的需要。關鍵就在於能和客户像朋友一樣進行輕鬆友好的談話。你不想讓客户看到你在他們面前做筆記，因爲你也確實能不靠做筆記就得到相同的結果。

誠實的態度向來有助於提高顧客忠誠度，因此要讓你的客户感覺受到重視與關注才行。我總用這樣的方法找到新的機會，並檢視我們的廣告、行銷、服務和零售系統是否有效運作，以達到目標。

提供客製化服務會帶來更多收益，而非工作。

曾有幾位顧問建議我不要花太多時間與供應商、客戶和媒體溝通，但我從不會聽從此類建議。或許我確實在親自與客戶溝通上花了很多精力，但我相信客戶回饋的意見，能幫助我了解若要讓他們感到賓至如歸的話，我必須多做些什麼。

而這樣的舉動也確實大幅提升了我們的效益，我得到的遠比付出的努力還要更多。我相信在客戶身上投入的時間，是我最重要的投資。這些年來的溝通、傾聽和學習，也進一步使得我能夠做出過去無法做出的決策，這些全是拜我的客戶所賜。

84

每年十一月，在接近耶誕大獎和尼諾大獎這兩種西班牙最受歡迎彩票的開獎時間，黃金女巫也會為彩票黃金季節的到來做好準備。我說的可不只是在耶誕樹上掛滿閃閃發亮的星星裝飾而已。

像我們這樣的行業，向大眾傳遞正確資訊是首要之務。我們所要傳遞的核心資訊是——我們是鑄造夢想的人。

因此，每年我們店內店外的耶誕裝飾都充滿了喜悅、幸福、快樂和樂觀的節日氣氛，員工團結一心更是關鍵。賞心悅目的裝飾吸引客户前來，而一旦他們進到店內，我們每一刻都會讓他們感覺到自己來對了地方。

你要先在乎自己的夢想，別人才會在乎。

你對理想的執著並不能單單體現在加班工作、勞累數月卻沒有丁點進帳、兼好幾份工作，或者冒風險貸款上頭。更必須體現在隨時關注微小的細節，從而得到客戶的認可，以及最重要的——員工的認可。

如果你關心自己的事業，你的員工也會關注自身的工作、表現更好，爲勞資雙方帶來更大的收益。最終，當員工看到他們的努力和投入能夠爲公司帶來成長時，也就能進一步幫助他們改善自己的工作狀況。

85

耶誕節對彩票商而言是最忙碌的時間，因爲再過幾天就會開出一年之中最重要的兩個大獎：耶誕大獎（Christmas Big One）和十二夜大獎（Reyes）。彩票商一般在這段最忙的時間過後都會放慢節奏，休息一下，但是黃金女巫卻正好相反。

我們仍舊繼續加倍努力工作，因爲我很清楚，耶誕節的博彩高峰是推銷更多大獎彩票的最佳時機。事實上，從超級大獎中所能獲得的利潤更多，因爲我們大獎彩票的銷售額都相當可觀。

而耶誕高峰結束後我們也不休息，因爲我們還要爲情人節、父親節、母親節等節日的抽獎做準備。然後，突然間，耶誕節又到了。

慣性是讓人喪失動能的行為。

慣性會讓創業家、求變的靈魂和相信進步和前進的人感到沮喪。

很多企業在達到目標之後就慢下腳步，直到年底都是按照慣性在工作。但這點讓人感到遺憾，因爲被慣性推動著，只能說明你「之前」一直以不錯的速度往前進而已。因此，在你的企業的發動機停止轉動之前，你都必須努力繼續保持提速。

86

多年來，我一直夢想建造一個黃金女巫世界，在這裡，來訪者能感受到夢想世界的神奇。我經常把那個地方想像成一座城堡，而且事實上，我在腦海裡早已想像這個城堡可能的模樣不下數百回了。

然而，一直到終於找到合適的地點，我才開始爲這個理想採取行動。當城堡位置一經選定，我就開始發想計畫，原先我想建的是酒店，後來又想建度假中心……最後我終於想到一個完美的方案：在山間建造一個SPA度假中心。

那裡裡裡外外都會有溫泉池，中心的設施將和周圍的環境融爲一體，大自然會提供美景和背景音樂。而兩座黃金女巫噴泉的水流則會讓洗浴的人浸潤在好運之中。

要先具備做夢的能力，夢想才能成真。

創業家會以樂觀的心看待自己的理想，因為他們很清楚自己要做什麼。同時，他們的夢想也都充滿著絢麗的色彩和美妙的聲音。這也是何以在壞天氣來襲時，我們總喜歡聽敢於夢想的人描述他們的理想的原因。

因為他們能夠帶領著我們在風暴中依舊看見彩虹。你必須具有夢想的能力、相信自己所做的事，才能真正開創事業。

七、下一站：太空

奮鬥至此，再沒有什麼能夠阻擋我的腳步了。我從不讓機會溜走，因為我一看見就會抓住他們。

過去累積的人生經歷，讓我有力量去做那些看似不可能的事。因此，我申請成為西班牙第一位太空遊客。但我從來都不會為了做事而做事，我做每一件事都是為了行銷和擴大夢想。

例如，創立黃金女巫社會行動基金時，我發現了夢想具有感染力，而且快樂與獲利率全然無關。

在這個時期，我也決定創辦提供高價位服務的航空公司（最初的想法主要是購買飛機，而非銷售機票）。可惜這項事業受到了阻礙。然而，當時我還不知道蜿蜒崎嶇的道路上總會有最好的驚喜。

87

三十年前的一個冬日，我坐在帕拉斯山區一個小山村的火車站長凳上，觀看火車經過。不斷有通往不同目的地的火車經過，但我並沒有登上列車，然而即使如此，我還是時不時會到火車站看火車駛離。兩年後，我看到更多的火車行經車站，有些更現代，有些速度更快，但我依舊沒有搭上任何一班列車。

一直到二〇〇三年十月的一個週六，AVE高鐵在我們省通車時，我是第一個搭上它的人。列車時速每小時是一百八十六英里。

旅途中，我想著那些我看著他們經過無數次的火車乘客，他們所搭火車站站都停，而我現在搭的高鐵一下就到了六百二十英里外。

不要相信運氣，而是要去尋求運氣。

如果你覺得透過朋友、家人或者學業的幫助，財富就能從天而降的話，我勸你最好再多想想。在最幸運的情況下，慣性也許可以給你帶來一些好運，但大多數時候你還是會被絆倒。

重新站穩腳跟的最好方法，就是想盡辦法讓自己總是處在不會跌倒的相似情況中。也就是說，你需要找到能夠觸發並獲得運氣的方法。好運需要刻意追尋，彩票也適用這個道理，如果你不先付出努力去買一張彩票（包括時間和金錢），就一毛錢也贏不到。

88

有天，我和兒子沿著巴賽隆納奧林匹克碼頭（Olympic Marina）散步時，談到了一些奇怪的話題。我也不知道爲什麼我們最後會討論到，所有成功的創業家都能做到多數人認爲壓根無法達成的事。

我兒子先是談到了英國企業巨擘，維珍航空的老闆理察·布蘭森（Richard Branson），還問我敢不敢當西班牙太空旅行第一人？

「爲什麼不？」我心想，「我爲什麼不能想要達成一件不可能的事。」而那就在那天的兩年後，我宣布將成爲進行太空旅行的第一個西班牙人。儘管這個夢想還在籌備中，但我已經實現了一些不可能實現的目標，例如：在國內有人跟上我的腳步之前，這個新聞所引起的風氣與社會影響將持續好些年。

同時，我在國外也聲望日起。若不是我想嘗試一些不可能的目標，那些我這輩子永遠無緣認識的人根本就不會找上我。

「不可能」只是意味著你要反覆嘗試。

「不可能」對我來說反而是目標，因爲大多數人都不想做不可能事，所以眞的去做的人反而更容易成功。而有些事也正是因爲沒有人去嘗試，才會被看作不可能。

不去嘗試，當然不會有任何結果。我敢說，我們覺得有可能的事反而常常不會實現。

89

四年前的九月四日，起床後我像往常一樣拿起晨報，但這次卻是迫不及待要看頭版頭條：「哈維爾·加布里爾將成爲第一位遨遊太空的西班牙人。」

很多聽到這個消息的人，都紛紛譴責我將金錢浪費在毫無價值的事情上。但他們卻沒有意識到，媒體報導的效果就已經值回了投資。

而自四年前上過新聞頭條以來，其後我已經接受過無數次訪談……我依舊未被遺忘。

行銷是一門領導學。

在這句話廣爲流行之前，那些懂得做「好行銷」的人士都被稱爲領導者。而對我而言，眞正重要的就是成爲一個領導者，而成爲領導者所需的武器就是行銷能力。

投資在行銷上，比投資在會計、家具、室內設計等環節更重要，因爲對企業而言，最重要的就是利潤。控制或調整商業環境並不能保證利潤，利潤是獨創性的結果，而創意正是行銷的利器，不管創意最終以何種形式表現出來。

90

早在數年前，我就決定要實現太空旅行的夢想。光想到能看到夢想成眞就令我興奮，同時也讓我開始思考別人的心願。因此，我在二〇〇六年時展開了一項計畫：蒐集所有西班牙人的願望，並且帶著這些願望去太空旅行。黃金女巫的宣傳車在西班牙的主要城市巡迴了三十五天，蒐集了十萬個夢想。我將帶著這些夢想接近星辰，讓他們也能實現。

而這個成功的創意不僅讓我們有機會成功地與其他企業連結，也使得過去我們不曾接觸過的行業的人更加關注我們。

熱情的外表來自熱情的內心。

我總是情不自禁對自己做的任何事充滿熱情，這就是爲什麼我對所有的創業計畫都極其投入的原因。而人們也都欣賞我的這份熱情和投入。

熱情來自於自信，做好自己的事，也允許別人做好他們的事；樂於助人，也在人群中保持自我。熱情是現代社會極罕見的養分。當你的靈魂爲熱情所塡滿時，你不僅能看到自己的變化，也能看到自己的熱情如何感染了他人。熱情就像病毒一樣具有傳染性。

91

爲了成爲西班牙太空旅行第一人，我必須投資二十萬歐元。許多人認爲這樣的嘗試毫無意義，但對我而言目的卻很明顯。距實現太空旅行還有幾個月，我卻已經開始收獲成果。

自從我入選以來，黃金女巫就一直是新聞的焦點，甚至即將（極有可能在十五個月之內）登上國際新聞。這麼做更有助於我提升黃金女巫基金會的全球知名度，我的基金會主要是致力於幫助唐氏症患者和其他罕見疾病患者。而且最重要的是，我們正在創造歷史。

請想想，我們只花了二十萬歐元就讓全世界認識我們。而西班牙的知名品牌一年的廣告行銷費用通常在一千萬到一千二百萬歐元之間。此次太空之旅是自哥倫布大發現以來最好的行銷活動。

你不會飛，但可以把夢想擺到外太空。

創業家看不到任何的極限，也不會讓任何人決定他們能走多遠。創業家的道路也沒有終點，他們甚至在還未登上一座高峰之前，就計畫著要攀上下一座更高的山嶺。

知道自己想要什麼，就算全世界與你爲敵也無須無恐懼。因爲，那些批評你的人，都是那些什麼也做不了的人。

92

二〇〇六年我成立了「黃金女巫基金會」，旨在提高唐氏症和其他罕見疾病兒童的生活品質，拓展娛樂和休閒活動。基金會的工作有很多挑戰，我始終積極面對，並一直在尋找那些「不可能」的專案。

有一天，我想到可以邀請前國際奧會主席薩馬蘭奇（Joan Antoni Samaranch）和我們的基金會合作。我知道要見到他當然不容易，正當我四處尋找門路時，世界知名的男高音卡列拉斯（Josep Carreras）卻先找上了我，他告訴我，他的白血病基金會想要和我們的基金會合作。

努力，是達成不可能目標的指引方向。

被認爲是不可能的目標，實際上只是一種挑戰。

有些挑戰確實能讓最勇敢的人也心驚膽戰，但這些偉大的挑戰也恰恰是值得追求的目標。只有少數的人才能迎接偉大的挑戰，因爲多數人都沒有勇氣去挑戰。「不可能」是這多數人會用的詞彙。

93

大海的深處住著一群飛魚[9]，其中一隻小飛魚每天凝視著頭頂上的星空，被那些閃亮的光點深深吸引。當那隻小飛魚看著自己身體兩側長長的鰭時，牠相信自己不是魚，而是飛鳥。

有天，天才剛破曉，牠決定游到海水表面，振翼飛向星空。牠知道自己的願望沒那麼容易達成，因爲牠才剛把頭露出水面，就有成群的海鷗向下俯衝，向牠啄來。最後受傷且沮喪的小飛魚只能潛回海洋深處。

此時，牠的兄弟見到紛紛嘲笑牠：「我們告訴過你，你的世界是在這裡。」他們笑道。

可是小飛魚還是時常忍不住仰望星空，覺得自己與眾不同。於是牠決定再嘗試一次，但這一次牠確定自己已經做了充分準備。現在牠知道會有什麼敵人，也知道會碰到什麼狀況。

終於，到了午夜時分，小飛魚非常小心地悄悄游回海面。此時牠並未看到海鷗的蹤影。小飛魚於是奮力揮動胸鰭躍向空中。揮著揮著，牠的鰭變成了翅膀，帶著牠升騰，飛向一顆閃爍小星星。牠變成了一隻眞正的飛魚。

幸運火車行駛在勤奮和堅持的軌道上。

我不相信運氣，運氣是不存在的。我曾經認爲每個人都會碰到一些好運，但經驗告訴事實並非如此。我們所說的「運氣」，其實就是勤奮和堅持的結果。而這就是我試著想透過這個故事傳達的。

攀越高山是冒險的行爲，因爲危險無處不在。因此，找到解決方案，比如說開一條隧道，才是明智的。修建隧道需要辛勤工作和不懈努力。隧道一旦完成，你再也無需煩惱。運氣掌握在你自己手中，即使是買張彩票，也要付出心思和努力。唯有不想挖隧道的人，才會幻想好運從天而降。

9 離棘眞豹魴鮄（Dactylopterus volitans），分布在大西洋的兩岸，特色是巨大的胸鰭，使其至多可以飛行或滑翔五十公尺。

94

我接受的電視電臺訪談逐年增加，也到各個大學、公司、地區委員會和各種組織演講。我總要準備演講稿，一離開家跟公司就是兩、三天，付出了相當的時間和旅費的成本。

但我的酬勞和收入扣掉交通費和住宿費後，都歸黃金女巫。我能驕傲地說，這些社會工作讓我的事業更有價值。

我們都誤解了幸福的真諦。

我們很容易把增加收入看得太重，這導致我們每天愈來愈焦慮，滿足感也愈來愈少。而我所經營過的專案有時候也的確不需特別努力，就能帶來意料不到的驚人利潤。但有趣的是，這些機會並不能讓我感到快樂或滿足。創業家熱愛工作，更熱愛生活，做什麼都覺得很享受。

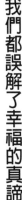

95

一天下午，我和兒子經過巴賽隆納行星傳媒集團（Grupo Planeta）總部時，我對他說：「希望有一天我能和何塞・曼努爾・萊拉[10]會面。」當時這只是一個和兒子分享的夢想罷了。

但兩年後，這個夢想實現了。我們不僅進行了正式的會談，還多次晤面，一起歡笑，籌設計畫，分析時局，最後還成爲了好朋友。

有夢就要勇於嘗試，勇於嘗試才會成功。

當你準備要嘗試達成非同尋常的事情時，總會有人告訴你：「你瘋了。」好吧，我不辯駁這一點，但是我只想說明，我會竭盡所能讓我的理想適時實現。而那些不肯多走一英里路、不願冒險並且迎接挑戰的人，是無法理解這樣的態度的。

結識偉大的人很重要。但不管你認識的人有多重要，你更應該知道的是，只有你自己才能找到遇見這些人的條件、路徑和方法。只要你不懼怕面對嚇走大多數人的困難，就一定能實現夢想。

10 Jose Manuel Lara，西班牙出版業巨頭行星傳媒集團的執行長。

96

兩年前，我冒險購入五架飛機，創辦了高價航空公司——精英航空公司（Numbair）。但只不過一年的時間，我就不得不承認自己犯了一個很大的錯誤：在尚未開展任何業務之前，就購入廉價航空公司已經在使用的噴氣機。

那時我只有兩條出路：選擇絕望，不然就是一同加入廉價航空公司行列。但是這兩個選擇都不是我想要的。於是，我在訂購的飛機尚未到貨之前，就先把他們再轉賣給別的航空公司，因爲市場上對這種機型還有需求。之後，我再把所有的錢，包括我賣飛機所得，都用來購買更大、更強的噴射客機，而這次我就能用大寫字母JET來稱呼他們了。這些大型客機能提供足夠的空間，保障客户在高速飛行中得到奢華服務和安全性，不僅讓旅客能最先飛到目的地，也能在飛機上得到充足的休息。

敢冒風險反而不會有意外發生。

我總是害怕在過斑馬線時發生事故喪生。但有趣的是，我卻從來不曾擔心自己會在太空旅行中死去。真正的重點在於：你願意在做重要的事情時死去，還是在什麼都不做的情況下死去？

商界也一樣。如果你收購、投資和做生意的手法都不突出的話，最終只能是茫茫人海裡的一個人。你也只能收得穩定、安全，以及緩慢的成長。幸運的是，我的一生充滿了毫無間斷的冒險體驗。

97

我開始考慮成立航空公司時，就立刻意識到必須開發的是豪華航空公司。在當時，那正是西班牙的新興行業。我們的服務將會是獨一無二、無比奢華，爲特定的顧客量身打造。

我知道自己絕不會跟隨席捲當時西班牙市場的低成本潮流，也很確定會朝這個方向執行，後來也確實達成了。新航空公司在開始運作之前，就已經得到全國大眾與媒體的關注。很明顯地，我的航空公司與其他航空公司都不同。連西班牙一些自治區，比如加那利島（Canary Islands）也對航線的專有權感興趣。

輕鬆的道路只會帶你去所有人都會抵達的地方。

我總覺得容易的道路很無聊，人群也擁擠，我沒辦法在這樣的道路上按照自己的步調前進。因此，我寧願採取快速的行動，著眼於其他方向，亦即其他人不曾或者甚少人嘗試過的方向。

然而，很多時候我們卻常常在走了很長一段路後，才發現從沒花時間分析我們走過的道路，例如，如果我們走的都是沒有阻礙的道路，輕鬆就能走完，但同樣也就得不到太大收益。

因此，若是你想要有更多的收益，單憑內心的驅動力和抱負是不夠的，你必須走最艱難的那條道路。

98

隨著精英航空的創辦，我得以早在開始營運前以及第一批飛機交貨的前兩年，就已經實現了最重要的目標——將自己定位成西班牙最爲領先的私人高價噴射機航空公司。

而如今，這個計畫卻因爲官僚的繁文縟節而停擺。但即使如此，我卻知道如果有一家跨國企業預計要到到西班牙大手筆投資航空產業，並企圖拿下市場的領先地位的話，必定就會立即聽到我公司的名字。

只要他們愈希望成爲絕對的市場領導者，就會有愈多的人記住我們是最先達到那目標的公司。

最後能夠抵達目的地的，往往是錯過正確道路的人。

最後一個到達目的地的人，並不是因爲他們的車沒了油，或是車子太舊，或是駕駛的人決定棄車步行到底，而是因爲他們沒有做出正確的決定，因此現實也把他們放在他們應該待的地方。

因爲他們常常在抄襲他人做過的事，追隨著勇敢已經走過的路。你要記住，拷貝和模仿永遠成爲不了專利或品牌。

99

創辦私人噴射機航空公司是一件十分有意義和具有使命感的事，我們爲經理人提供高品質的服務，方便他們提高旅行效率，節省在機場等候的時間。我的目的就是在提供高價航班服務，省掉經理人等候和排隊的時間，讓他們不會因爲旅行而焦慮。

但當初在我購買了五架飛機成立航空公司，完成西班牙航空管理局要求的所有手續和申報資料後，卻得出了這樣一個結論：西班牙還沒有支援這種服務的環境。官僚機構比其他的障礙和困難更加阻礙我們的發展，因爲時間一天一天過去，我們的執照仍未核發下來。

雖然眼見我們投入許多努力和熱情的計畫仍毫無進展很令人沮喪，但我並未因此錯失其他機會。我決定先不去理會西班牙航空管理局，因爲公司還沒招募員工，也沒有其他需要操心的問題，所以我發現此時賣掉手中的飛機或許會是個絕佳的賺錢機會。此外，我也開始收購更多的飛機。

這樣整體而言，這條事業線使我藉由向新的航空業管理人，與持有者及時可以提供隨時可用的噴射機，進而快速創造淨利。

最美好的驚喜往往藏在崎嶇的道路中。

如果你在崎嶇的道路上行走（路上盡是石塊、坑窪、灌木叢和危險的野生動物），你不太容易用穩定的步伐前進，而且隨時都得保持警覺。但在你發現驚喜的那一刻，肯定會萬分喜悅。這是因爲你在一個前人從未到過的荒僻之地上發現了那個驚喜。

別人能走很遠，也走得很快，掙很多錢，但是他們不會走創業家之路，那條眞正通往成功的路，眞正能夠豐富人生的路。

100

一九六九年七月二十日，美國航太總署的太空人員暨阿波羅十一號隊長阿姆斯壯成爲第一個登上月球的人。他踏上月球表面時，說了這句名言：

「我的一小步，卻是人類的一大步。」

但是，其實他並不是一個人登月的，同行的還有另外兩名太空人。其中一人甚至還和他一起在月球上漫步了兩個半小時，採集樣本，並做了各種實驗、拍攝照片。可是你現在知道和阿姆斯壯一起登月的兩名太空人的名字嗎[11]？

不要做最好，但要搶第一。

做第一的好處是，你永遠排在最好的前面。

我這麼說的原因在於：社會和客戶會按照公司排名來評斷一家公司的好壞。一個企業可能非常好，但排名只有第二或第三，而市場只會關注排名第一的企業。

很顯然，當你到達頂端時，你會享受到更多讓你成爲最好的投資機會，但是你一定要搞清楚重點。如果你有幸進入最好之列，你還必須傾所有預算使自己成爲第一才行。

11 柯林斯（Michael Collins）和奧爾德林（Edwin.E.Aldrin）。

國家圖書館出版品預行編目資料

不要做最好，但要搶第一：從銀行門僮到登上太空，打破設限、轉換思維，西班牙傳奇富翁的100個人生提醒／哈維爾・加布里（Xavier Gabriel）著；張沂昀翻譯. -- 初版. -- 臺北市：麥田出版：家庭傳媒城邦分公司發行, 2012.11

面；公分

譯自：Nothing Is Impossible

ISBN 978-986-173-826-0（平裝）

1. 自我實現　2. 成功法

177.2　　101020044

不要做最好，但要搶第一：
從銀行門僮到登上太空，打破設限、轉換思維，西班牙傳奇富翁的100個人生提醒

原著書名　NADA ES IMPOSIBLE（NOTHING IS IMPOSSIBLE）
作　　者　哈維爾・加布里（Xavier Gabriel）
翻　　譯　張沂昀
責任編輯　蔡錦豐
封面設計　江孟達
總 經 理　陳逸瑛
編輯總監　劉麗真
發 行 人　凃玉雲
法律顧問　台英國際商務法律事務所　羅明通律師
出　　版　麥田出版
104台北市中山區民生東路二段141號5樓
電話：(02)2500-7696　傳真：(02)2500-1966
blog：ryefield.pixnet.net/blog
發　　行　英屬蓋曼群島商家庭傳媒股份有限公司城邦分公司
104台北市中山區民生東路二段141號2樓
客服服務專線：(886)2-2500-7718；2500-7719
24小時傳真專線：(886)2-2500-1990；2500-1991
服務時間：週一至週五上午09:00~12:00；下午13:00~17:00
劃撥帳號：19863813；戶名：書虫股份有限公司
讀者服務信箱：service@readingclub.com.tw
網　　站　城邦讀書花園www.cite.com.tw
麥田部落格　blog.pixnet.net/ryefield
香港發行所　城邦（香港）出版集團有限公司
香港灣仔駱克道193號東超商業中心1樓
電話：(852)2508-6231　傳真：(852)2578-9337
E-mail：hkcite@biznetvigator.com
馬新發行所　城邦（馬新）出版集團【Cite (M) Sdn. Bhd. (458372U)】
11, Jalan 30D/146, Desa Tasik, Sungai Besi,
57000 Kuala Lumpur, Malaysia
電話：(603)9056-3833　傳真：(603)9056-2833
總 經 銷　聯合發行股份有限公司 電話：(02)2917-8022 傳真：(02)2915-6275

排　　版　浩瀚電腦排版股份有限公司
製版印刷　中原造像股份有限公司
初版一刷　2012年11月

城邦讀書花園
www.cite.com.tw

ISBN 978-986-173-826-0
定價：NT$260元　HK$87

cite城邦媒體 麥田出版
Rye Field Publications
A division of Cité Publishing Ltd.

廣　告　回　函
北區郵政管理局登記證
台北廣字第000791號
免　貼　郵　票

英屬蓋曼群島商
家庭傳媒股份有限公司城邦分公司
104 台北市民生東路二段141號2樓

▼

請沿虛線折下裝訂，謝謝！

文學・歷史・人文・軍事・生活

麥田出版
Rye Field Publications

編號：RV1036　　書名：不要做最好，但要搶第一

讀者回函卡

cite城邦媒體

謝謝您購買我們出版的書。請將讀者回函卡填好寄回，我們將不定期寄上城邦集團最新的出版資訊。

姓名：________________ 電子信箱：________________

聯絡地址：□□□ ________________

電話：（公）________________ 分機 ____ （宅）________________

身分證字號：________________（此即您的讀者編號）

生日：____年____月____日　性別：□男　□女

職業：□軍警　□公教　□學生　□傳播業　□製造業　□金融業　□資訊業　□銷售業

□其他 ________________

教育程度：□碩士及以上　□大學　□專科　□高中　□國中及以下

購買方式：□書店　□郵購　□其他 ________________

喜歡閱讀的種類：（可複選）

□文學　□商業　□軍事　□歷史　□旅遊　□藝術　□科學　□推理　□傳記

□生活、勵志　□教育、心理　□其他 ________________

您從何處得知本書的消息？（可複選）

□書店　□報章雜誌　□廣播　□電視　□書訊　□親友　□其他 ________________

本書優點：（可複選）

□內容符合期待　□文筆流暢　□具實用性　□版面、圖片、字體安排適當

□其他 ________________

本書缺點：（可複選）

□內容不符合期待　□文筆欠佳　□內容保守　□版面、圖片、字體安排不易閱讀

□價格偏高　□其他 ________________

您對我們的建議：________________

____

____